W0174015

Erwin Wagenhofer | Max Annas

We Feed the World | Was uns das Essen wirklich kostet

orange ● press

Erwin Wagenhofer | Max Annas: WE FEED THE WORLD – Was uns das Essen wirklich kostet
Freiburg: orange-press 2006

© Copyright für die deutsche Ausgabe 2006 bei orange ● press
Alle Rechte vorbehalten. Dritte Auflage 2006.

Covergestaltung: Undine Löhfelm
Gesamtherstellung: AZ Druck und Datentechnik GmbH, Kempten

Der Film WE FEED THE WORLD von Erwin Wagenhofer ist eine Produktion der allegrofilm
www.allegrofilm.at

Der Film WE FEED THE WORLD von Erwin Wagenhofer im Verleih von DELPHI
FILMVERLEIH
www.delphi-film.de

Die DVD zum Film WE FEED THE WORLD von Erwin Wagenhofer
ab 13.11.2006 bei Universum Film.

Die im Text angegebenen URLs verweisen auf Websites im Internet.
Der Verlag ist weder verantwortlich für die dort verfügbaren Inhalte
noch für die Richtigkeit, Vollständigkeit oder Aktualität der Informationen.

ISBN 978-3-936086-26-3
orange-press.com

Renate Künast | Vorwort **Wir sind, wie wir essen**   7

Erwin Wagenhofer | Max Annas **Vorbemerkungen**   13

Kapitel I   **Gemüse**   17
Kampftomaten, Spediteure & hungernde Bauern

Kapitel II   **Brot**   45
Soja-Gene, Brotabfall & Schweineborsten

Kapitel III   **Milch**   57
Kuhdoping, Konzernmacht & Superbakterien

Kapitel IV   **Fleisch**   65
Güllebörsen, Schlachtabfälle & Emissionen

Kapitel V   **Fisch**   123
Fischmehl, Aquafarmen & der neue Riesenlachs

Kapitel VI   **Wasser**   137
Virtuelles Wasser & realer Durst

Kapitel VII   **Hungern**   151
Cash Crops, Subsistenz & Hungertod

Kapitel VIII   **Konsumieren**   163
Ökobenzin, Fairversand & Biosupermärkte

Erwin Wagenhofer **Einen ehrlichen Film machen**   175

Glossar   181
Dank | Bildnachweise | Filmcredits   190

Inhalt

Renate Künast **Wir sind, wie wir essen**

Der Film *We Feed the World* nimmt die Spur unserer Lebensmittel auf: Er zeigt Bilder von Anbau, Verarbeitung, Haltung und Transport unserer Lebensmittel und führt Gespräche mit den Menschen, die sie herstellen. Der Film geht kaum über die bloße Darstellung von Vorgängen hinaus, aber die Symbolkraft der Bilder hinterlässt einen tiefen Eindruck. Und obwohl er fast ohne Worte auskommt, ist er ein beredtes Statement gegen die Industrialisierung der Landwirtschaft, gegen den Hunger in der Welt und gegen die Macht der Saatgutmonopole. *We Feed the World* zeigt Bekanntes auf neue, eindrucksvolle Art und fügt die Puzzlestücke zu einem Gesamtbild zusammen. Das Buch *We Feed the World* liefert Hintergrundinformationen zu jedem Abschnitt des Films und folgt dabei dem Flow der Bilder. Eine Überzeugung wird gestärkt: Wir müssen die Ökologisierung der Landwirtschaft in Europa und auf der ganzen Welt voranbringen. Es gibt viele Gründe, warum die fortschreitende Industrialisierung der Landwirtschaft kein Weg für die Zukunft ist. *We Feed the World* zeigt einige davon – vom »global taste«, der nicht nur unsere Geschmacksnerven trimmt, bis zur Abhängigkeit der Bauern von internationalen Saatgutkonzernen. Ich möchte einen weiteren wichtigen Grund hinzufügen: Die Landwirtschaft ist einer der großen Mitverursacher des Klimawandels. Zehn Prozent der in Deutschland entstehenden Treibhausgasemissionen kommen aus der Landwirtschaft. Das ist für mich schon Grund genug, zu sagen: Diese Produktionsweise ist nicht nachhaltig.
Eine Ökologisierung der Landwirtschaft weltweit – das klingt wie ein Wunschtraum. Dennoch bin ich überzeugt, dass wir diesen Traum realisieren können. Gerade weil die industrielle Produktion die Landwirtschaft immer mehr dominiert und Skandale um pestizidverseuchtes Obst und vergammeltes Fleisch an der Tagesordnung sind, stehen die Chancen heute besser als je zuvor. Ob Eltern, die Bio-Essen für ihre Kinder kaufen, Feinschmecker, die aus Qualitätsgründen zum regionalen Produkt greifen, oder Tierschützer, die sich wegen der Haltungsbedingungen für »Bio« entscheiden: immer mehr Men-

schen in Europa kaufen Lebensmittel aus ökologischem Landbau. In Deutschland beispielsweise wächst der Umsatz rasant: 2005 lag er vierzehn Prozent höher als im Vorjahr.

Szene: Karl Otrok von Pioneer unterhält sich mit einem rumänischen Großbauern über Auberginen aus Hybridsamen. Der Bauer sagt ihm ganz klar: »Ab einem bestimmten Moment muss sich ein Land oder ein Bauer entscheiden: Will er weiterhin den besten Geschmack, dafür aber geringe Erträge für einen kleinen Markt, oder will er produzieren.«
Seine Auberginen sind zwar nicht besonders schmackhaft, aber sie bieten etwas fürs Auge. Und der Großhändler, der ihm die Ware zum Verkauf in der EU abnimmt, weiß, dass es nur darauf ankommt. Denn in einem großen Supermarkt überzeugt die Aubergine allein durch ihr Äußeres. Sie konkurriert mit einem kaum überschaubaren Angebot an anderen Gemüsen, die zu jeder Jahreszeit verfügbar sind. Es gibt in Supermärkten kein Fachpersonal, das erklären könnte, was hinter dem schönen Schein liegt. Der Großbauer produziert also, was auf dem Markt nachgefragt wird. Wenn immer mehr Konsumenten sich für die kleinere, weniger glänzende Aubergine mit dem besseren Aroma entscheiden, kommt dieser Kundenwunsch eines Tages auch bei den Großbauern an. Echte Fortschritte kann es nur geben, wenn die Verbraucher mitmachen. Mit unserem Einkaufskorb entscheiden wir jeden Tag darüber, wie es um den Einsatz von Pestiziden in der Landwirtschaft steht, wie Nutztiere gehalten werden, wie unsere Landschaften aussehen und wie es um das Klima steht.

Szene: Gemüseanbau in Südspanien. Der massenhafte Anbau hat zu massivem Wassermangel in einer großen Region geführt, die Produkte werden unter unfassbaren Arbeits- und Lebensbedingungen von Wanderarbeitern geerntet, und die langen Transportwege belasten die Umwelt.
Jeder Mitteleuropäer isst im Jahr durchschnittlich zehn Kilo Gemüse aus Südspanien. Dabei sind regionale Produkte in jeder Hinsicht im Vorteil: Sie haben eine gute Umweltbilanz, bieten bessere Verdienst-

möglichkeiten für die Bauern und sie schmecken einfach besser. Viele regionale Spezialitäten haben dazu noch das gewisse Etwas: Sie überzeugen nicht nur durch ihren unverwechselbaren Geschmack, sondern tragen auch zum Erhalt alter Nutztierrassen bei, die vom Aussterben bedroht sind, oder zum Fortbestand von Kulturlandschaften, die seit Jahrhunderten das Bild einer Region prägen. In unserer Zeit des globalen Einheitsgeschmacks stehen diese Kostbarkeiten für etwas Besonderes: Regionale Produktion und Artenvielfalt sind moderne Begriffe für Emotion und Identität.

Der Markt für regionale Produkte wächst und bietet neue Chancen und Möglichkeiten für Bauern, die sich von der hybridisierten Massenproduktion verabschieden wollen. Die Stärkung von regionalen Produkten ist der wichtigste Schritt auf dem Weg in eine ökologischere Landwirtschaft.

Szene: Eine arme Familie in Brasilien weiß nicht, wie sie ihre Kinder versorgen soll, während weiter südlich Wälder gerodet werden für die Produktion von Soja. »Alle fünf Sekunden verhungert ein Kind unter zehn Jahren. Ein Kind, das an Hunger stirbt, wird ermordet«, so bringt es Jean Ziegler, UN-Sonderberichterstatter für das Menschenrecht auf Nahrung, auf den Punkt.

Viele Menschen müssten nicht hungern, wenn nur ein Teil der riesigen Anbauflächen für ihre Ernährung genutzt würde statt für den Export auf den Weltmarkt.

In meiner Zeit als Ministerin habe ich gelernt, dass der Vorgang, der mit der Ernte des Soja beginnt, in der landwirtschaftlichen Fachsprache doch tatsächlich »Veredelung« heißt. Der größte Teil des Soja wird nicht gegessen, sondern als Futtermittel in der Tiermast verwendet, also zu Fleisch »veredelt«. Der Begriff ist Ausdruck der extrem hohen Wertschätzung, die dem Fleisch in der europäischen Esskultur bis heute entgegengebracht wird. Was er verschleiert, sind die Produktionsbedingungen: Ein Kilogramm Fleisch verbraucht bei seiner Erzeugung zehnmal soviel Kilogramm pflanzlicher Grundnahrungsmittel! Die riesigen Mengen Fleisch, die wir in Europa essen, haben durchaus etwas mit dem Hunger in anderen Ländern zu tun.

Wir haben es alle in der Hand, einmal in der Woche auf Fleisch zu verzichten.

Die Befürworter von gentechnisch veränderten Nahrungsmitteln argumentieren oft, diese neuen Erzeugnisse könnten ein Weg aus Hunger und Armut sein. Die Ursache für Hunger liegt aber nicht im Fehlen von Nahrungsmitteln, sondern in Armut, fehlendem Zugang zu Land, Wasser und Saatgut, in unfairen Handelsbedingungen sowie in Krieg, Korruption und Misswirtschaft.

Das heißt: Hunger ist meistens die Folge von politischem Versagen. Der Einsatz von Gentechnik wird daran nichts ändern. Im Gegenteil: Er wird mehr Bauern in eine Abhängigkeit von den großen Saatgutfirmen bringen, weil sie nicht mehr in der Lage sein werden, ihr Saatgut selbst zu erzeugen. Alle Menschen haben aber ein Recht auf Selbstbestimmung. Auch beim Essen. Heute kämpfen sie darum, sich mit traditionellen und landestypischen Lebensmitteln zu ernähren. Und es ist unsere Aufgabe, sie dabei zu unterstützen. Das Recht auf adäquate Ernährung für alle Menschen durchzusetzen, ist eine unserer wichtigsten Aufgaben, jetzt und in Zukunft.

Ich bin überzeugt, dass die Natur so ausgestattet ist, dass sie die Bedürfnisse der Menschen auch ohne gentechnische Veränderungen erfüllen kann. Jeder Mensch sollte die Möglichkeit haben, zu wählen, was er essen will. »Food sovereignty« ist nicht nur ein Begriff für das individuelle Recht zu wählen. Die Agrarwirtschaft muss entsprechend organisiert sein, unabhängig von Konzerninteressen und als Ausdruck regionaler Identität, als Basis für die eigene Volkswirtschaft!

Wahlfreiheit gibt es zum Beispiel bezüglich der Gentechnikfreiheit in Ländern wie den USA schon lange nicht mehr, weil keine Regeln für die Koexistenz von natürlichen und gentechnisch veränderten Pflanzen aufgestellt wurden. Manche Länder machen es ihnen nach, andere lassen sich übertölpeln. Fest steht: Niemand braucht gentechnisch veränderte Lebensmittel, niemand braucht gentechnisch veränderte Futtermittel.

Im Englischen gibt es den schönen Ausdruck »Eat the landscape«, für den ich keine adäquate Übersetzung kenne. Er sagt uns: Wir gestalten unser Land, unser Leben, die Natur, indem wir essen. Wie und was wir essen, entscheidet über unsere natürlichen Lebensgrundlagen, unsere Gesundheit und die unserer Kinder. Es entscheidet über die Zukunft der Menschen weltweit.

Also: Schaut in eure Kühlschränke. »Bio« drin? »Regional« drin? »Fair Trade« drin? Es ist eigentlich ganz banal: Wir sind, was wir tun – all unser Handeln wirkt auf uns selbst zurück. Deshalb sind wir auch, wie wir essen.

Renate Künast, Berlin, April 2006

Erwin Wagenhofer | Max Annas **Vorbemerkungen**

»Essen Sie viel Gemüse! So bleiben Sie gesund!« Das stimmte vielleicht noch, als es im eigenen Garten geerntet wurde. Aber das heute erzeugte Gemüse wird zumeist in Labors entwickelt, es wächst nicht einmal mehr in der Erde, es schmeckt nach nichts – der Überschuss wird subventioniert nach Afrika exportiert, und damit wird den kleinen Bauern vor Ort, die ihr Gemüse tatsächlich noch traditionell anbauen, die Lebensgrundlage geraubt.

We Feed the World ist das Buch zum gleichnamigen Film. Es liefert Hintergründe und dokumentiert die scheinbar im Dienste des so genannten Verbrauchers stehenden Strategien der Industrie, die das Essen herstellt für diejenigen, die es sich leisten können: für uns. Das Buch zeigt, dass einige über Skandale wahrgenommene Tatsachen nichts weiter sind als Alltag in der Lebensmittelproduktion.

In Europa kann man sich regelmäßig über Vorfälle rund um die Fleischproduktion informieren. Dabei ist die Herstellung von Fleisch und Wurst nicht mehr als ein integraler Bestandteil der Nahrungsmittelindustrie. In denselben Ställen, in denen Fleisch hergestellt wird, wird auch an der Produktion von Milch gearbeitet. Und obwohl Milch eindeutig ein besseres Image hat als Fleisch, wird dort nicht weniger zimperlich gewirtschaftet: Die rasend fortschreitende Abholzung des brasilianischen Regenwaldes geschieht für Milchkühe genauso wie für Schlachtvieh.

Dieses Buch räumt auf mit den zweidimensionalen Vorstellungen von Nahrungsmittelproduktion. Die alten und gewohnten Kategorien gelten nicht mehr. Das fängt schon mit der Bezeichnung an: Ist das Huhn, das wir essen sollen, überhaupt noch ein Tier? Die Tomate noch die Frucht einer Pflanze? Müssen wir für diese Waren nicht neue Kategorien erfinden? Sind unsere Worte zu alt für das, was sich um uns herum abspielt? Für Fleisch werden unfassbar große Mengen Futtermittel durch die Welt bewegt, während in Sichtweite jener Felder, auf denen das Futter für unsere Tiere geerntet wird, Menschen vor Hunger sterben. Der neue Fisch, der sich in diesem Augenblick in den Labors Nordamerikas vermehrt, wird das biologische Gleichgewicht der Meere stärker verändern als alle bisherigen Faktoren – und das nur, um uns eiweißreiche Kost zu liefern.

Die Nahrungsmittelindustrie ist die mächtigste Branche der Welt. Die Lebensmittel produzierenden Konzerne, die weltweit agierenden Handelsmultis und die Forschung, die zumeist im Dienst der Industrie arbeitet, sind Akteure, die die Weltpolitik entscheidend mitprägen. Während alle vom Öl reden, und von den Kriegen, die für den Treibstoff geführt werden, gerät der größere Krieg völlig aus dem Blick. Denn durch die Produktion von Nahrungsmitteln für die reichen Länder der Erde sterben viel mehr Menschen weltweit als durch den unmittelbaren Einsatz von Feuerwaffen und anderem Kriegsgerät.

Das Buch *We Feed the World* zeigt die Zusammenhänge innerhalb der internationalen Nahrungsmittelproduktion. Wir alle wissen, dass wir keine gerechten Preise zahlen für die modernen Kolonialwaren Kaffeebohnen und Bananen. Aber der senegalesische Bauer, der sein Gemüse im eigenen Land nicht mehr verkaufen kann, und der mexikanische Maisbauer, dessen Ernte durch die Sabotage mit genmanipuliertem Saatgut zerstört wird, sind nicht weniger Opfer unseres Hungers als die Arbeiter, die den billigen Kaffee für uns ernten.

Dieses Buch holt die Diskussion über Lebensmittel und Einkaufsverhalten aus der Ecke des Privaten. Es ist unser Essen, das andere in den Hunger treibt. Es geschieht wegen unserem Fleisch und unserem Gemüse, unserem Obst und unserem Getreide. Und wegen der Gewinne der Konzerne, die alle in Europa und Nordamerika beheimatet sind.

Aber deren Strategien sind durchschaubar, und je mehr wir über das Vorleben der Artikel in den Regalen wissen, desto weniger lassen wir uns an der Nase herumführen. Nach der Lektüre der folgenden Seiten wird die Gemüseinsel im Supermarkt nicht mehr dieselbe sein. Für den Fisch in der Kühltheke Ihres Händlers werden Sie mehr Bewertungskriterien haben als frisch oder teuer. Und selbst das Brot Ihres Bäckers werden Sie mit ganz anderen Augen sehen.

Der Film heißt *We Feed the World*, und es ist dieses kollektive Wir, das in der Verantwortung steht, zu verändern, was falsch ist. Ob wir dabei davon getrieben werden, uns Kulturleistungen wie Kochen und Essen zu erhalten, oder ob wir dafür sorgen, dass an unserer Ernährung nicht der Rest der Welt zugrunde geht, ist eigentlich einerlei.

Erwin Wagenhofer | Max Annas, April 2006

Gemüse
Kampftomaten, Spediteure & hungernde Bauern

Die Gemüseecke im Supermarkt ist in gelbes, warmes Licht getaucht. Mattes Schwarz rund um die Auslagen verstärkt die Stimmung, schräg stehende Spiegel vermitteln das Gefühl eines geschlossenen Raumes, der den leckeren Produkten der Natur vorbehalten ist. »Wir lieben Lebensmittel« steht vielleicht über dem Eingang des Supermarktes und noch einmal am Entree zu Gemüse und Obst. Aubergine, Paprika und Tomate glänzen wie von Hand poliert. Die Rucola-Blätter wirken selbst hinter der Klarsichtfolie knackig und gesund. Und auch das immer gleiche Obst macht in dieser Inszenierung eine sehr gute Figur. Hier fasst man gleich Vertrauen, die Präsentation ist genau wie die präsentierte Ware absolut frei von Makel.

Dennoch finden sich Risse im Bühnenbild. Die mittelgroßen marokkanischen Tomaten sind gar nicht aus Marokko, wie auf dem Warenschild annonciert, sondern aus dem südspanischen Almeria. Das steht jedenfalls auf der festen Pappkiste, in der sie liegen. Die ganz dicken, hell in der Farbe und wässrig im Geschmack, tummeln sich in einer anderen Kiste, die sie als Ware aus Teneriffa ausweist, das Schild über der Kiste sagt aber, es seien holländische. Ein verdeckter Hinweis? Schließlich werden kanarische Tomaten nicht selten in den Niederlanden verpackt, weil sich so mehr Geld erzielen lässt als mit Gemüse vom afrikanischen Kontinent, obwohl die Kanaren auch zur EU gehören. Wahrscheinlich ist es nur Schlamperei. Sehr wahrscheinlich interessieren sich die Kunden kaum dafür – und deswegen ist es der Marktleitung auch ziemlich gleichgültig, die dafür geltenden Gesetze zu beachten. Fragen kann man hier niemanden, denn den Gemüsebereich hat höchstens die Dame an der Kasse oder die Überwachungskamera im Auge. Lange vorbei ist die Zeit, in der sich geschultes Personal um Ware und Kundschaft kümmerte. Diese Arbeitsplätze sind schon vor mehr als zwei Jahrzehnten abgebaut worden. Ab und zu kommt jemand vorbei, um Plastiktütchen nachzuliefern und die Fehletiketten von der Waage zu kratzen. In Supermärkten, die sich um ein zahlungskräftiges Publikum bemühen, geht regelmäßig jemand mit der Sprühflasche durch und verteilt dekorativ Wassertropfen auf den Auslagen.

Bei genauer Betrachtung schwächelt die gelbe Paprika in der Drei-Farben-Portion unter der Cellophan-Haut. Auf der Unterseite wird sie weich, ob durch die prüfenden Hände der Kunden oder durch natürlichen Verfall ist nicht feststellbar. Vielleicht haben die Früchtchen einfach zu lange im Plastik gelegen. Die Auberginen sind gar nicht so ebenfarben, wie es der erste Eindruck versprach. Im Grunde macht das nichts, denn es ist gar kein Qualitätsmerkmal der Aubergine, frei von farblichen Abweichungen zu sein. Die Aubergine muss in Aussehen und Tastempfinden mit der Banane und der Mango mithalten. Sie lässt sich mit makelloser Haut besser verkaufen. Also werden die Erzeugnisse auf dieses Erscheinungsbild und nicht auf ihren guten Geschmack hin gezüchtet. Diese hier wollen perfekt aussehen, und die Illusion gelingt auch, dank des verkaufsfreundlichen Lichts mit seinen zwei Dutzend Spots. Bis zu einem gewissen Punkt.

Ihnen ist das im Moment aber reichlich egal. Sie sind gekommen, weil Sie auf der Suche nach einem ordentlichen Salat sind. Leider hält der griechische Rucola in der Schale einer genauen Prüfung nicht stand. Mehr als nur die vielen Bruchstellen sind schon deutlich ins Dunkelgrüne verfärbt. Vielleicht bietet sich eher der Plastikbeutel mit den fertig zugeschnittenen Blättchen an. Doch hier fehlt die Herkunftsangabe völlig. Diese Ware gilt als Fertignahrung, weil sie ein bisschen zugeschnitten worden ist, und deshalb muss nun nicht einmal mehr angegeben werden, ob die Ware aus Griechenland, Spanien, den Niederlanden oder aus allen drei Ländern kommt. Dass die Stiftung Warentest zum Jahreswechsel 2005/2006 eine Untersuchung veröffentlicht hat, die belegt, dass Rucola praktisch nie frei von Schadstoffen ist, haben Sie leider gar nicht mitgekriegt.

Vom Flugzeug aus sieht man das blaue Mittelmeer und die grauen Berge, dazwischen eine riesige Ebene. Ein Gewächshaus steht hier neben dem anderen. Getrennt nur von Straßen und Wegen sind es 30.000 Gewächshäuser auf 35.000 Hektar, eine nicht endende Landschaft aus Glas- und Plastikdächern, die die ohnehin schon starke Wirkung der andalusischen Sonne noch verstärken sollen. Es gibt Stimmen, die behaupten, diese Gewächshausmutation sei wie die Chinesische Mauer vom Mond aus zu sehen. Wo das Flachland endet, wurden bereits Terrassen in die Berge planiert und weitere Gewächshäuser in Betrieb genommen. Immer mehr Hänge werden terrassiert. Zum Meer hin das gleiche Bild. Auf dem schmalen Küstenstreifen wurden auf schroffem Grund Gewächshäuser errichtet. Für Neugierige und Besucher ist hier kein Platz. Kein Mensch käme auf die Idee, um eine Führung durch diese Gemüsemastbetriebe zu bitten. Wer dennoch die mehr oder weniger provisorisch errichteten Hallen betritt, sieht unwirkliche Bilder. Denn wer sich bislang sicher war, wie Obst und Gemüse wachsen, kann hier eine ganze Menge lernen. Der Boden ist betoniert wie in einer Fabrikationsstraße für Autozubehör. Endlose Reihen von Kästen bilden den Grund für die Tomatenproduktion. Zum größten Teil ist es Steinwolle, die man in den Kästen findet, angereichert mit Mineralien und Nährstoffen, und unterstützt von einer automatischen Wasserzu- und -abfuhr. Hier wird das älteste Prinzip der Landwirtschaft negiert, fruchtbare Erde braucht hier niemand mehr. Der belgische Agronom Lieven Bruneel: »Wir wissen genau, was reinkommt mit dem Tropfsystem: das Futter, das Wasser. Wenn wir das direkt in den Boden machen, dann wissen wir es nicht genau. Im Boden gibt es auch mehr Krankheiten. Dieses Substrat ist besser.«

»Kampftomate« nennen viele Groß- und Zwischenhändler die rote Frucht, die im südlichsten Europa gezüchtet wird, um die Märkte in den reichen, aber kalten nord- und mitteleuropäischen Ländern zu überfluten. Die Kampftomate ist eine ausgefuchste wissenschaftliche Leistung. Eine sensible Frucht wie die Tomate ganzjährig auf robust und tiefrot zu stylen, ist eine große Leistung, auch wenn sie nach nichts schmeckt. Dass die moderne Tomate überhaupt die Reise über die Fließbänder übersteht, über die sie in Andalusien geschickt wird, damit sie die kleinen Plastikschälchen erreicht, in denen sie verkauft werden soll, ist ein kleines Wunder der Zuchtkunst. Der Begriff »Kampftomate« hat keinen komplizierten etymologischen Hintergrund, man versteht ihn intuitiv. Und Kampf steckt ja tatsächlich auf mehreren Ebenen in dieser Tomate drin. Zuletzt ist der Preis ein

Kampfpreis, denn die paar Euro, die in einem gewöhnlichen Supermarkt für das Kilo verlangt werden, umfassen die tatsächlichen Kosten, die bei der ökologischen Zerstörung einer Kulturlandschaft Andalusiens beginnen und bei der Vernichtung der Agrarmärkte Westafrikas aufhören, nur zu einem Bruchteil.

Und dort, im Supermarkt, im warmen Licht der Auslagen, trifft die Tomate auf die Kollegen, die in der selben Ebene gewachsen sind: die Gurke, die Zucchini, die Aubergine, die Paprika, aber auch die Erdbeere, die in den letzten Jahren in den Supermärkten und Gemüseläden Europas zu einer mehr und mehr saisonunabhängigen Ware geworden ist. Wer das normale Supermarktangebot an Obst und Gemüse im Winter einer genaueren Betrachtung würdigt, findet dort ungefähr die Hälfte der Ware ausgeschildert mit der Herkunftsbezeichnung Almeria – das ist die etwas größere Stadt am Meer, oder El Ejido – das ist das ehemalige Dorf in der Ebene, das 1960 noch 1.000 Einwohner hatte. Mit heute etwa 100.000 angemeldeten und wahrscheinlich noch einmal so vielen nicht angemeldeten Bewohnern ist der Ort in den letzten vierzig Jahren zu einer regelrechten Großstadt geworden. In El Ejido finden seit Jahren Übergriffe und Pogrome gegen die migrantische Bevölkerung, die in den modernen Plantagen die Arbeit verrichtet, statt.

Konservative Schätzungen gehen davon aus, dass jeder Mensch im mittleren Europa jährlich zehn Kilogramm Gemüse und Obst aus Andalusien verzehrt. Das wirkt auf den ersten Blick nicht so fürchterlich beeindruckend. Aber erstens wird jedes Baby, das sich noch aus der Brust seiner Mutter ernährt, in diese Rechnung mit einbezogen. Und zweitens sind hier auch die Freunde des Fast Food und der fertig gekauften Nahrung berücksichtigt, die vielen Leute ohne Zeit und Lust auf selbst gemachtes Essen. Die Gurkenscheibe zwischen Hamburger und Brötchendeckel ist deshalb in dieser Berechnung genauso wenig präsent wie die Tomatenreste auf dem Tiefkühlbaguette. Wir reden nur von jener frischen, besser: rohen und unverarbeiteten Ware, die im Lebensmitteleinzelhandel verkauft wird. Außerdem wird inzwischen in Marokko und Italien, in Griechenland und Israel unter ähnlichen Bedingungen agrarische Ware produziert, die auf unseren Tellern landet. Die steckt auch nicht drin in der Rechnung, die auf den Pro-Kopf-Verbrauch von zehn Kilo kommt.

Wunder in der Sonnenwüste

Das andalusische Landwirtschaftswunder begann vor etwas mehr als vierzig Jahren und läutete die Modernisierung der europäischen Landwirtschaft ein. In anderen Teilen der Welt, vor allem auf dem amerikanischen Kontinent, hatten andere Bedingungen zu einer anderen Modernisierungsdynamik geführt. Die USA hatten keine Kriegsschäden davongetragen und die ersten Schritte hin zu einer Hochleistungslandwirtschaft bereits vollzogen. In Mittelamerika hatten sich eine Reihe von Diktaturen etabliert, die ihre Ökonomie auf die Produktion tropischer Frisch- wie Dosenware in Monokulturen fokussierten. Auch die Industrie, die der Landwirtschaft zuarbeitete, hatte einige Jahrzehnte vor jener Europas damit angefangen, in größeren Maßstäben zu denken. Die Vorherrschaft der beiden Saatgutkonzerne Pioneer Hi-Bred und Monsanto rührt daher.

Für Spanien galt fortan die Maxime, die der deutsche Wirtschaftsminister Ludwig Erhard schon in den fünfziger Jahren formuliert hatte, nämlich die Landwirtschaft in die Industriegesellschaft einzugliedern. Nun war Spanien eigentlich keine Industriegesellschaft, sondern bloß eine rückständige Diktatur. Allerdings haben die Maßnahmen des Franco-Regimes, die landwirtschaftliche Ausbeutung des sonnenreichsten Fleckchens europäischer Erde voranzutreiben, auf lange Sicht durchaus dazu beigetragen, Spaniens ökonomischen Höhenflug als Neumitglied der EU seit 1986 zu befeuern. Lieven Bruneel: »In den sechziger Jahren hat alles hier angefangen. Damals hat die Zentralregierung aus Madrid hier angefangen, das Wasser hierhin zu bringen. Dann hat sie den Bauern, die in den Bergen lebten, den Plan eröffnet, in der Ebene großflächig anzubauen. Die Regierung hat auch für das Know-how gesorgt und Agronomen angeworben. Hier haben sie das Wasser, hier haben sie das Land, hier können sie Gemüse machen. Von den sechziger Jahren bis heute sind es immer mehr Gewächshäuser geworden. Jetzt sind schon 25.000 Hektar, das ist als Gesamtfläche mehr als es Gewächshäuser in Belgien und Holland zusammen gibt.«

Was in Nordamerika der großflächige Anbau von Mais für Mensch und Tier war, meistens unter Einsatz von Hybridsamen, was in den mittelamerikanischen Staaten die Entwicklung von Monokulturen (zum Beispiel Bananen, Kaffee oder Zucker) für den Verkauf in die USA und nach Kanada war, das stellte die Produktion von zuerst so genannten Südfrüchten und später konsequent allen Gemüses und Obstes für die klimatisch nicht bevorzugten Länder im Norden auf spanischem Boden dar. Der spanische Staat stellte dafür die Infrastruktur zur Verfügung, und so konnte sich in Andalusien eine Spielart der Landwirtschaft entwickeln, die den Traditionen von Aussaat und Ernte in Abhängigkeit von den Jahreszeiten genauso widersprach wie der agrarischen Einheit von Ackerbau und Viehzucht.

Der klassische Bauernhof war ein Perpetuum mobile. Das System ernährte und bewegte sich selbst – und die Menschen waren ein Teil davon. Dass am Ende sogar noch Nahrung dabei heraussprang, machte das System so interessant. Die Erde brachte für die Bauernfamilie und für ihre Tiere hervor, was sie zum Leben brauchte, die Tiere wurden gefüttert, ihr Fleisch wurde gegessen, und was die Tiere hinter sich ließen, landete als Dünger schließlich wieder auf dem Acker, um die nächste Generation von Pflanzen beim Wachsen zu unterstützen. Dieses Prinzip ist in ihren Variationen jahrtausendelang bestimmend gewesen für die Arbeit des Menschen auf dem Land. Die Landwirtschaft war bis zum Ende des Zweiten Weltkriegs der wichtigste Energielieferant durch Nährstoffe und bis zur industriellen Revolution sogar der einzige. Heute hingegen ist die Landwirtschaft zu einem der größten Energieverbraucher geworden. Für die Zucht von Schlachtvieh werden unglaubliche Mengen an Böden ausgebeutet, auf denen Getreide oder Soja als Futter angebaut wird. Dazu passt dann auch, dass die Landwirtschaft zwischen 70 und 75 Prozent des weltweit vorhandenen Süßwassers verbraucht.

Die traditionelle Art der sich selbst erhaltenden Energieversorgung nennt man Subsistenzwirtschaft: Sie ist bis heute in den meisten Ländern der Welt der Normalfall, in Afrika zwischen der Sahara und Südafrika, aber auch im riesigen Asien von den arabischen Ländern bis nach China, wo trotz boomender Industrie ein wesentlicher Teil der Bevölkerung von dem lebt, was die Landwirtschaft hergibt. Südamerika hingegen ist weitgehend an den internationalen Nahrungsmittelmarkt angeschlossen, die meisten mittelamerikanischen Länder produzieren seit langem süße Früchte für Europa und die USA. Zuletzt wurde die fragile mexikanische Landwirtschaft durch das Freihandelsabkommen NAFTA zerrüttet. Die US-Maisindustrie erhielt beinahe uneingeschränkten Zugang zum Markt des Nachbarlandes, wodurch viele tausend Bauern, und mit ihnen ihre Familien, aus dem funktionierenden System der Subsistenz herausgedrängt wurden. Sie wurden zu Armutsflüchtlingen im eigenen Land – oder schlugen sich gleich durch in den Norden. In die USA.

In den Norden geht auch die Fahrt der Lastkraftwagen, die die andalusische Ware in Europa verteilen. Eine Entfernung von 3.000 Kilometern für den Transport von Gemüse oder Obst ist dabei eher die Regel als die Ausnahme. Bis zur spanisch-französischen Grenze ist die LKW-Kolonne wie eine Polonaise unterwegs, dann trennt sich die Kette, und ihre einzelnen Bestandteile sind nun auf dem Weg zu ihren unterschiedlichen Destinationen in der Schweiz, in Österreich, Deutschland, England oder Skandinavien. Und natürlich ist entlang dieser Strecken eine eigene Infrastruktur gewachsen.

Es ist Nacht. Der am Morgen in Südspanien gestartete LKW bewegt sich auf die spanisch-französische Grenze zu. La Coruña, die Krone, wie die galizische Metropole, heißt der Weiler, der auf keiner Landkarte verzeichnet ist. Das schwere Gefährt bewegt sich durch das von Tankstellen und Rasthäusern illuminierte Dunkel der Nacht. Auch Unterkünfte, die man für kurze Zeit mieten kann, werben mit Lichtreklamen für sich. Dabei haben die Trucker doch in der Regel einen Schlafplatz hinter ihrem Sitz. Der Trucker stellt sein Arbeitsgerät auf einem riesigen Parkplatz neben Hunderten anderer LKWs ab. Er betritt eine der Kneipen, in denen preiswerte Kost undschnelle Unterhaltung geboten wird. Dort sitzen nicht nur Kollegen, sondern auch viele Frauen, die darauf warten, eine Stunde mit einem Lastkraftwagenlenker zu verbringen. Die erleuchteten Unterkünfte sind gut gehende Bordelle, denn immerhin kommen hier täglich Tausende schwer beladene LKWs durch.

Transport ist kein Luxus in Europa. Die Öffnung der Europäischen Union nach Osten hat den großen Spediteuren viele neue und sehr billige Arbeitskräfte beschert. Dazu kommt, dass viele EU-Neumitglieder Abkommen mit Nachbarstaaten unterschrieben haben, die (noch) nicht der Union angehören. So kommen Länder wie die Ukraine oder Moldawien ins Spiel, und von dort machen sich Fahrer auf, um für noch weniger Geld auf den Straßen des Kontinents unterwegs zu sein. Eine Rechnung besagt, dass lediglich ein Prozent dessen, was im Lebensmitteleinzelhandel an der Kasse bezahlt wird, für den Transport aufgewendet werden muss. Darin stecken alle Kosten, die für die Anschaffung des Lastkraftwagens, für die Wartung, für Versicherungen, Steuern, Treibstoff und nicht zuletzt die Arbeit des Fahrers. Also alle direkt anfallenden Kosten, die an das zum Konsumenten herabgerechnete Individuum weiterberechnet werden können. Die indirekten Kosten für CO_2-Ausstoß, Landschaftsverbrauch durch Straßen- und Tankstellenbau, Lärmbelästigung, Staus und Unfalltote haben in dieser Rechnung keinen Platz.

Am Rande der Ebene von El Ejido, wo die Gewächshäuser ein gigantisches Mosaik bilden, sieht man die Unterkünfte der Arbeitskräfte. Viele haben sich in alten Gewächshäusern eingerichtet, die von den Eigentümern aufgegeben wurden. Andere haben sich Verschläge gebaut mit Materialien, die in den Gewächshäusern nicht mehr gebraucht werden. Sie sind kaum größer als die Pritsche, die zum Schlafen darin steht. Wieder andere haben ein improvisiertes Zimmer aus Holz und Plastikplanen übernommen von jenen, die abgeschoben wurden oder das Glück hatten, legal oder illegal eine andere Arbeit in der Europäischen Union zu finden oder sich einfach davongemacht haben in der Hoffnung auf ein besseres Leben als das in Andalusien. Wer bis in die Berge vordringt, findet Menschen, die sich in verlassenen Bauernhäusern eingerichtet haben. Bis in die sechziger Jahre lebten in dieser Gegend ja tatsächlich Bauern von ihrer eigenen Hände Arbeit. Mittlerweile sind sie in die Stadt gezogen. El Ejido ist heute eine der reichsten Gemeinden Spaniens.

»Man hat hier angefangen, weil es hier so viel Sonne gibt«, berichtet Lieven Bruneel, der belgische Produktionsleiter. »Im Durchschnitt gibt es in einem Jahr fast 3.000 Stunden Sonnenschein hier in Almeria. Zum Beispiel in Brüssel gibt es 1.000. Es gibt hier zum Beispiel, ein wenig weiter, ein Dorf, El Ejido. In den sechziger Jahren gab es dort 1.000 Einwohner, und jetzt haben wir schon fast 100.000. Alles hat sich hier verändert. Vorher war es eine arme Region hier, und jetzt geht es. Die Leute hier sind keine Millionäre, aber sie können leben. Man redet hier vom Wunder von Almeria.« Die Gewächshauslandschaft in der riesigen Ebene ist eine gigantische Öde, aber komplementär dazu sind es die verlassenen Berggegenden auch. Die Bauernhöfe auf den Anhöhen sind unbewohnt, die Äcker werden längst nicht mehr bestellt. Durch diese moderne Art der Landflucht ist in Andalusien nicht nur eine gewachsene Kulturlandschaft kaputtgegangen, die Berge rund um die Ebene von Almeria sind zu einem Wasteland geworden, das, vergiftet von den dort tonnenweise abgeladenen Plastikplanen und anderen Stoffen, langsam vor sich hin rottet.

In El Ejido selbst sind die Arbeitskräfte aus den Gewächshäusern nicht gern gesehen. Die Aussicht, eine Wohnung zu bekommen, ist äußerst gering. Nur wer eine Arbeitserlaubnis vorweisen kann, hat theoretisch ein Anrecht auf Wohnraum. Allerdings hat kein Arbeitgeber in der Obst- und Gemüsewirtschaft Andalusiens ein Interesse daran, den migrantischen Arbeitskräften mit einem Arbeitspapier zu gesetzlich verbrieften Rechten zu verhelfen. Vor allem aus dem auf der anderen Seite des Mittelmeeres gelegenen Marokko kommen die Arbeiter, die im spanischen Slang abschätzig »Moros« genannt werden. Aber heute sind es auch immer mehr junge Männer aus dem Senegal, aus Mali und aus anderen westafrikanischen Ländern. Sie haben die Flucht vom Nachbarkontinent nach Europa geschafft und leben und arbeiten hier größtenteils illegal. Ihre Beschäftigung ohne Rentenbeiträge, Unfallschutz und Krankenversicherung ist natürlich kein Geheimnis, aber keine Firma in Andalusien muss sich deswegen verantworten. Die sozialistische Regierung Zapatero arbeitet nicht an einer Legalisierung der Flüchtlinge. Zu mächtig ist die landwirtschaftliche Lobby, denn die 15.000 Arbeitgeber in Andalusien tragen einen beträchtlichen Anteil zum spanischen Außenhandel bei. Etwa drei Millionen Tonnen Obst und Gemüse werden hier jährlich produziert, und gegen die Milliardengewinne, die hier eingefahren werden, lässt sich schlecht regieren. Wenn man das denn will!

Arbeitsbedingungen, die an Sklaverei erinnern, sind weltweit kein Einzelfall. Im chinesischen Shenzen lassen amerikanische und europäische Firmen in so genannten »Sweatshops« fast umsonst Kleidung herstellen. Die Rechtlosigkeit hat hier System, und der chinesische Staat flankiert die Absichten der Konzerne mit allen Mitteln. Auch die Sweatshops in den Freihandelszonen Nicaraguas sind rechtsfreie Räume, in denen internationale Modekonzerne reibungslos funktionierende Diktaturen eingerichtet haben. Weitere Beispiele finden sich in etlichen Ländern Afrikas, in Uganda, Swaziland oder Lesotho. Im Unterschied zu den genannten Beispielen in Asien, Lateinamerika und Afrika sind die Zustände in Andalusien den spanischen Gesetzen zufolge jedoch illegal. Im Einzelnen sehen die Lebensbedingungen häufig so aus: miserable Bezahlung, zum Teil gerade einmal fünfzehn Euro pro Tag, kein Arbeitsvertrag, sondern Tagelöhnerbedingungen, ständige Belastung durch Pestizide, kaum Chancen auf eine Wohnung und damit keine Aussicht auf einen legalen Aufenthaltsstatus, der nach einem neueren, aber windelweichen spanischen Gesetz möglich wäre.

Seit der Osterweiterung der EU kommen immer mehr junge Frauen aus Rumänien und Bulgarien nach Andalusien, wodurch die Löhne noch mehr gedrückt werden. Am schlimmsten und gefährlichsten ist für die afrikanischen Arbeiter allerdings das rassistische Klima in El Ejido. Einige Marokkaner sind schon ermordet worden, und die Bereitschaft der Polizei, sich einzuschalten, gilt als gering, sowohl bei der Aufklärung der Verbrechen als auch bei der Prävention.

Das Ende des Bodens

Der Mittlere Westen der USA ist Maisland. Ganze Bundesstaaten sind im Griff des gelben Korns. Ob über die Straße oder durch die Luft, wer Iowa oder Kansas durchmisst, bekommt einen Eindruck davon, was der Begriff Monokultur tatsächlich bedeutet. Im Unterschied zu dem personalintensiven Gemüse- und Obstanbau Südspaniens sind hier immer noch echte Familien bei der Arbeit im eigenen Betrieb zu finden. Ihre Ländereien sind in den letzten Jahrzehnten stetig gewachsen, denn die glücklicheren Familien haben den weniger begünstigten ihre Anwesen in einer Notsituation abgekauft. So sind in den traditionell landwirtschaftlich dominierten Bundesstaaten der USA immer gigantischere Farmen entstanden. Diese haben im Zuge der vom Handel gewünschten und von der Regierung geförderten Spezialisierung schon früh begonnen, alle Sparten abzustoßen, die die Konzentration auf ein Kerngeschäft stören könnten.

Der Mais zwingt den Boden, alles zu geben, entzieht ihm kontinuierlich alle Nährstoffe, und zwingt den Farmer eigentlich, ihn von Zeit zu Zeit zu entlasten mit anderer Bewirtschaftung oder extensiver Viehwirtschaft. Aber das kommt allein aufgrund der Personalstruktur der Farmen gar nicht in Frage, denn nur eine Hand voll Leute herrscht über die riesigen Flächen, zum Teil so groß wie mehrere Hundert Fußballfelder, und über die Landmaschinen, die größer sind als die Panzer der US-Armee. Heute erwirtschaften die Maisbetriebe der USA im Schnitt zwischen fünfzehn und dreißig Prozent zu wenig Geld. Bezahlt werden diese hoch technisierten Kolchosen im Wesentlichen durch Subventionen der Bundesregierung in Washington.

Der Mais ist eine alte Kulturpflanze. Vor allem in seinem traditionellen Kerngebiet in Mexiko gibt es knapp fünfzig verschiedene Sorten, dokumentiert in den mehr als 20.000 Saatgut-Proben im mexikanischen Maisforschungsinstitut in El Batán. Die Farbigkeit der Frucht changiert zwischen weiß und lila, und immer noch sind viele Kleinbauern im Süden des mittelamerikanischen Landes mit der klassischen Mischwirtschaft beschäftigt. Sie pflanzen nicht nur andere agrarische Produkte neben den Mais aufs selbe Feld, sondern bauen seit jeher verschiedene Maissorten an. So kontern sie die Launen der Natur, denn in einem Jahr kommt die eine Sorte mit etwas mehr Sonne zurecht, im nächsten Jahr ist es eine andere, die etwas mehr Feuchtigkeit dankbar annimmt und mehr Ertrag bringt. Zusätzlich zu einer größeren Ertragssicherheit im Dienste des eigenen Wohlergehens arbeiteten die mexikanischen Bauern so auch für eine größtmögliche Biodiversität, indem sie aktiven Artenschutz an der Pflanze Mais betrieben.

Eine Züchtungsgeschichte: Ein wesentliches Kontinuum der Arbeit mit Mais war stets die Auswahl des Saatguts. Uneingeschränkt galt: Die Guten ins Töpfchen, die Schlechten ins Kröpfchen. Die Körner der besten und widerstandsfähigsten Pflanzen wurden für die Aussaat zur nächsten Saison ausgewählt. Das Prinzip galt in Mexiko uneingeschränkt bis in die letzten Jahre hinein. Die Farmer konnten sich ihres Saatguts sicher sein, bis auch in Südmexiko – und auch in Gegenden, wo bislang nur autochthoner, also ortstypischer Mais angebaut worden war – genmanipulierte Pflanzen auftauchten.

Die moderne Geschichte des Mais beginnt im frühen 20. Jahrhundert. Züchtern in den USA gelingt es, eine Inzuchtlinie zu kreieren, die größer ist als das Original und dadurch mehr Erträge bringt, allerdings nur in der ersten Aussaat, danach nimmt die Ernte kontinuierlich um einen Faktor nahe zwanzig Prozent ab. Diese Hybridzüchtung birgt daneben noch den Vorteil, dass ihre Aussaat immer die gleichen Ergebnisse hervorbringt, in der Theorie zumindest. Das Saatgut dieser Hybridzüchtungen hingegen verändert seine Eigenschaften sehr schnell, der Ertrag und seine Qualität lassen nach und sind für den Bauern somit schnell unbrauchbar. Für den Züchter hingegen gibt es natürlich nichts Besseres. Denn der Bauer, der sich auf derlei Vorgehensweise erst einmal eingelassen hat, ist nun gezwungen, Jahr für Jahr neues Saatgut zu kaufen. Hybridzüchtungen gelten als Erfindungen und sind als Patente angemeldet, bringen also ihrem Eigentümer sicheres Geld.

Von den dreißiger Jahren des 20. Jahrhunderts an war es die Firma Pioneer Hi-Bred, die den Verkauf von Hybridsamen zur Grundlage für eine industrielle Produktionsweise machte. Von Des Moines, Iowa, aus wurde Mais zum Boomprodukt der US-Landwirtschaft. Als Viehfutter wurde er Grundlage für die Rinderzucht, als billiges Füllmittel kam er ins Brot und in die industriell produzierte Fertignahrung für Menschen, als Popcorn und Cornflakes ist er auch unterwegs, und praktischerweise lassen sich auch noch nützliche Dinge wie Klebstoff daraus herstellen. Und bis heute findet der gelbe US-Mais in Restaurants aller Klassen und in allen Erdteilen als Dosenware immer noch Einsatz auf Salattellern.

»We feed the world«. Das ist das Motto von Pioneer, dem heute führenden Saatguthersteller. Eigentlich gibt es mit Monsanto auch nur ein weiteres Unternehmen, das man als eine Art Konkurrenz bezeichnen darf. Pioneer gehört mittlerweile zum Chemie- und Pharmariesen DuPont. Karl Otrok, der ehemalige Produktionsdirektor der Firma in Rumänien, zitiert diesen Spruch.

Zur Zeit der Dreharbeiten noch leitender Angestellter von Pioneer Hi-Bred, nimmt er zwei Auberginen zur Hand, die eine das oberflächlich schöne Produkt von Hybridsamen, die andere farblich uneinheitlich und krumm wie ein Säbel. »Der Hybridmelanzane schaut natürlich sehr schön aus, ist aber geschmacklich nicht das, was diese Melanzane da kann, die von Körnern immer weiter verpflanzt wird. Wenn man die Saatgutpreise ansieht, diese kostet eigentlich nur den Preis, den der Arbeiter kostet, um die Körner raus zu nehmen und zu trocknen. Dieser Preis ist ungefähr für zehn Gramm 600.000 Lei, was ungefähr fünfzehn Euro sind – pro zehn Gramm! Die schaut natürlich wunderschön aus. Die Leute natürlich, wenn sie die kaufen, die lassen sich blenden davon, das ist natürlich klar. Es schaut natürlich viel schöner in der Auslage aus, wenn man diese sieht, als wenn man diese sieht. Geschmack kann man nicht sehen. Man muss das spüren, man muss das testen. Für mich ist das das Bessere.« Die Möglichkeit zum Test bietet sich in der Gemüseabteilung des Supermarktes gemeinhin nicht. Sowieso hat man in Mitteleuropa nicht die Möglichkeit, zwischen verschiedenen Auberginensorten zu wählen. Und selbst wenn, jede andere als die formschöne und farblich als einwandfrei wahrgenommene ließe sich dort ohnehin nicht verkaufen.

Dabei begibt sich Otrok hier nicht einmal auf vermintes Terrain, denn sein damaliger Brötchengeber Pioneer stellt das Hybridsaatgut für schön aussehende Auberginen gar nicht her. Als Insider kennt er aber natürlich den Markt, und damit die Versuche seines Unternehmens sowie jene der Konkurrenz, auf dem rumänischen Markt, der bald einer der größten der Europäischen Union sein wird, Fuß zu fassen. Rumänien als zweitgrößtes Agrarland nach Frankreich wird die reicheren Länder des Kontinents mit billigem Gemüse und Obst, aber auch mit Getreide und Speiseöl versorgen. Für die Konzerne ist es deshalb ein strategisches Ziel, sich frühzeitig dort in Stellung zu bringen: »Das war letztes Jahr so, dass das Hybridsaatgut vom Staat subventioniert worden ist. Dieses Jahr ist die Subvention weggefallen. Die Bauern müssen den vollen Preis zahlen. Das heißt, der Staat macht die eigenen Bauern abhängig von diesem Produkt, weil Hybrid ein Einwegprodukt ist, das nicht mehr angebaut werden kann.« Im besten Fall kann man der rumänischen Regierung unterstellen, ihre Bauern mit sanftem Druck auf europafähiges Normgemüse trimmen zu wollen. Tibius, der rumänische Pioneer-Angestellte, macht die Situation, in der sich die rumänische Landwirtschaft befindet, in wenigen Worten klar: »Ab einem bestimmten Moment muss sich ein Land oder ein Bauer entscheiden. Will er weiterhin den besten Geschmack, dafür aber geringe Erträge für einen kleinen Markt, oder will er produzieren.«

Was die rumänische Episode nur anschneidet, verdeutlicht eine Geschichte, die sich seit dem Jahr 2000 in Äthiopien abspielt. Nachdem die Weltbank die damalige Regierung aufgefordert hatte, einen Kurs der totalen Marktöffnung zu fahren, wurden die ehemals staatlich organisierten Märkte für Saatgut und Dünger privatisiert. Da kam auch Pioneer Hi-Bred ins Spiel. Zusammen mit einer äthiopischen Partnerfirma überredete Pioneer mit Hilfe von einheimischen Beratern äthiopische Bauern in verschiedenen Landesteilen, Saatgut für Hybridmais abzunehmen. Darunter waren Bauern aus Landesgegenden, die genügend Regen für den Anbau von Mais bieten, und aus anderen Regionen, in denen weniger Mais als vielmehr die regionale, äthiopische Getreideart Teff besser gedeiht. Die Bauern bezahlten mit dem, was sie besaßen: Sie verpfändeten einen großen Teil der erhofften Ernte und ihr landwirtschaftliches Gerät gleich mit. Die Folgen: Bauern, die den Mais in Höhenlagen anbauten, hatten mitunter das Glück, eine gute Ernte einzufahren. Leider waren die

Marktpreise für den Mais sehr niedrig in den letzten Jahren, sodass selbst sie nicht alle Kredite zurückzahlen konnten. Das führte dazu, dass sie die nächste Aussaat mit Hybridmais in der zweiten Generation durchführten, der aber eben zwanzig Prozent weniger Ernte einbringt und daher noch weniger Geld einbrachte. Und zwischen den Ernten konnten diese Bauern natürlich weniger Reserven für die Familie anlegen. Andere traf es noch schlechter. Wer in einer Gegend lebte, deren Böden für die tief reichenden Wurzeln der Maispflanze nicht ausreichend sind, musste den Pflug verkaufen oder den Ochsen, der ihn zog.

Pioneer Hi-Bred hat durch seine Strategie vieles auf einmal erreicht: Jenen Bauern, die mit dem Produkt zufrieden waren, konnte die Company fortan den Saatgutpreis diktieren; den anderen Bauern, die Pioneer nicht entsprechend bezahlen konnten, wurden die überlebenswichtigen Werkzeuge und Ackertiere weggenommen. Dabei ist es sicherlich nicht das Ziel von Pioneer Hi-Bred, Spaten und Pflüge zu Geld zu machen; der wichtigste Aspekt dürfte die Beseitigung traditioneller äthiopischer Maissorten sein. Hier liegt der langfristige Anreiz für ein Engagement in einem bitterarmen Land wie Äthiopien: Abhängigkeiten schaffen, die nicht mehr aufzubrechen sind, wenn kein Bauer mehr über das Wissen und die Fähigkeit verfügt, sich und seine Familie durch Arbeit und Ernte auf dem eigenen Land selbst zu ernähren. Dabei geht es nicht um einen einzigen Bauern, sondern um die Gesamtheit der auf Landwirtschaft basierenden äthiopischen Volkswirtschaft. Die Strategie zu Ende gedacht: Wenn weltweit kein Bauer mehr in der Lage ist, eigenes Saatgut zu generieren, dann ist die Geschäftspolitik vollendet. Natürlich ist der kleine Bauer einem Konzern wie Pioneer Hi-Bred vollkommen gleichgültig. In der Chefetage freut sich niemand über den Ruin eines äthiopischen Bauern oder darüber, dass seine Familie verhungert. Die Kleinbauern stehen lediglich dem Firmenziel im Weg. Kleine Bauern braucht in einer Zukunft, wie sie die Saatgutkonzerne Pioneer Hi-Bred und Monsanto planen, niemand mehr. Ihre Absatzpläne sehen vor, große Einheiten mit Ware zu beliefern. Je weniger autonome Kleinbauern also in einem Land wie Äthiopien hinter dem Pflug arbeiten, desto einfacher werden diese Visionen umsetzbar. Denn dabei können die Saatgutkonzerne langfristig den Markt dominieren und sich durch die Verdrängung nachwachsenden Saatguts auf Dauer unentbehrlich machen. Außerdem können sie davon ausgehen, dass auch in Zukunft die Zahl der Menschen weiter wachsen wird und daher die Produktion und somit die Nachfrage nach Saatgut weltweit auch steigen wird.

Pioneers Mutterkonzern Du Pont ist dabei, die Geschäftsbereiche, die »Biotechnologie« oder »Life Science« heißen, als hätten sie etwas mit makrobiotischer Ernährung oder dem Forschen für den Erhalt von menschlichem Leben zu tun, zum zentralen Bereich ihrer Unternehmensstrategie zu machen. Wenn sich die Industrie um den kreativen Umgang mit Sprache bemüht, dann sind die Dinge oft im Umbruch. Auch der Begriff »grüne Gentechnologie« verheißt nichts Gutes.

Afrikas Märkte zerstören

Vom äußersten Osten in den äußersten Westen des afrikanischen Kontinents. Auf dem Stadtplan von Dakar ist der Sandaga-Markt schon etliche Häuserblocks groß. Doch in Wirklichkeit ist er eine riesige Krake, die sich nach allen Seiten in die Stadt hinein gräbt. Schon lange kann kein Plan mehr messen, bis in welche Winkel sich dieser Stadtteil erstreckt. Der zentrale Markt der senegalesischen Hauptstadt ist der größte Westafrikas. Was man hier nicht kaufen kann, muss man woanders gar nicht erst suchen. Lange bevor die ersten Stände sichtbar werden, hat man den Sandaga-Markt schon erreicht. Was zu schwer oder zu sperrig ist, um es täglich neu an einen Stand zu schaffen, wartet in Läden und auf dem Trottoir auf die Kundschaft, Kühlschränke und TV-Geräte, Möbel und Autozubehör. Zwischen den Auslagen der Läden auf dem Fußweg an den breiten und engen Straßen haben Leute Klapptische aufgestellt, auf denen sie Socken, Krawatten oder billigen Schmuck feilbieten. Hier warten auch die Späher, die Auswärtige und Touristen bequatschen, um sie über den Markt zu leiten. Sie haben natürlich Verabredungen mit einzelnen Händlern, sind oft nette und gebildete junge Männer und kennen sich wirklich gut aus.

Das unüberschaubare Innere des Marktes ist keineswegs nur eine Ansammlung zahlloser Stände und Buden. Einzelne Häuserblocks sind voller kleiner Läden, in denen Gewürze oder Werkzeuge verkauft werden. Dazwischen fahren Autos, und in der Mitte des Marktes befindet sich eine große Bushaltestelle. Junge Männer verkaufen Klamotten, und es scheint, als würde Tommy Hilfiger seine Weltproduktion auf den Senegal konzentrieren, so viele T-Shirts und Schirmmützen sind hier unterwegs oder hängen zum Verkauf aus. Dazwischen immer wieder die Buden mit CDs und Kassetten, viele der Tapes selbst aufgenommen und beschriftet.

Wer sich den Einheimischen mittags an die Fersen heftet, sieht sie vielleicht hinter einem Teppichvorhang in einem großen Betonbau verschwinden, aus dem der Geruch von gebratenem Fleisch weht. Holzfeuer, Zwiebel und Chili dominieren hier die Luft. Ein Dutzend großzügig angelegter Imbisse lädt zum schnellen Essen, getrennt voneinander nur durch angedeutete Wände. An den Grills warten Männer verschiedenen Alters darauf, dass die Kundschaft mit dem Finger auf die Spieße mit Rind- und Lammfleisch zeigt, die fertig vorbereitet auf ihren Einsatz warten. Obwohl sehr zentral in Dakar gelegen, trifft man hier kaum auf europäische Gäste. Die fühlen sich eher von den offenen Restaurants am Rande des Markts angezogen.

Wer die Katakomben des Fleisches gestärkt verlässt, kann sich umso gelassener die Auslagen der Stände mit Obst und Gemüse anschauen. Hier liegt die Mango neben der Kartoffel, Chilischoten verschiedener Größen neben Äpfeln, dazu Auberginen und Zucchini, vielleicht Bohnen und mit Sicherheit Bananen. Es gibt hier also Produkte, die nur in den Tropen wachsen, wie die Mango, die selbst in europäischen Gewächshäusern nicht gedeihen, den Chili und auch die Banane, die immer noch das exklusive Recht des Wachstums unter der Tropensonne genießt. Diese Produkte sind also im Senegal gewachsen. Kartoffel und Zucchini aber, obwohl auch diese von vielen Bauern des Landes angebaut und geerntet werden, sind hier in der Regel nicht aus einheimischer Ernte zu finden. Hier liegt nämlich europäische Ware zum Verkauf aus. Die Äpfel stammen auch aus Europa, aber sie fallen ohnehin aus der Reihe.

Außerhalb des weiten Marktgeländes findet man die Leute, die vom Land gekommen sind. Sie schlagen ein Tuch auf dem Boden auf und bieten dort Tomaten an und Zwiebeln, auch Chili und schon mal Kartoffeln. Alles aus eigener Ernte, alles zu Preisen, die auch im Senegal als niedrig gelten können. Trotzdem sind die senegalesischen Bauern auf dem Sandaga-Markt nicht konkurrenzfähig. »Wenn sie auf den Sandaga-Markt gehen, können sie europäisches Gemüse, europäische Früchte, europäische Kartoffeln zu einem Drittel der einheimischen Preise kaufen«, erklärt Jean Ziegler. »Von den 52 Staaten Afrikas sind 37 fast reine Agrarstaaten. Das europäische Dumping zerstört ihre Landwirtschaften. Der senegalesische Bauer, auch wenn er 18 Stunden am Tag arbeitet, unter brennender Sonne, mit letztem Einsatz, der hat überhaupt keine Chance mehr, das Auskommen zu finden auf seinem eigenen Boden. Was muss er tun? Wenn er noch die Kraft hat, emigriert er, unter Todesgefahr, über die Meerstraße von Gibraltar.«

Komplementär zu den Exporten der Europäischen Union, die die westafrikanischen Bauern um ihr Einkommen beim Verkauf von Gemüse bringen, ist ein anderer lange Zeit produktiver Sektor in die Knie gegangen. Seit 2002 zahlt Washington den Baumwollproduzenten im Süden der USA fünf Milliarden Dollar an Exportsubventionen. So wurde der für einige westafrikanische Länder bedeutendste Exportrohstoff immer weniger rentabel, weil der Weltmarktpreis zusammengebrochen ist. Neben dem Senegal betrifft das die benachbarten Länder Mali, Niger, Burkina Faso und Benin.

Alle diese westafrikanischen Länder sind verwickelt in mannigfaltige ökonomische Bindungen mit der EU, geregelt im aufwändigen Vertragswerk zwischen Europa und den so genannten AKP-Staaten. Die drei Buchstaben stehen für Afrika, Karibik und Pazifik – insgesamt verbergen sich dahinter 79 verschiedene Länder, die eines gemeinsam haben: Sie sind arm, und sie waren alle einmal europäische Kolonie. Die Verträge und ihre offiziellen Interpretationen betonen, dass es sich beim Handel zwischen der EU und den AKP-Staaten um eine faire Partnerschaft handele, in der die Länder des Süden privilegiert behandelt würden, weil man es ihnen erleichtere, ihre Güter auf dem europäischen Markt zu etablieren. Im Gegenzug erhalten die Mitglieder der EU die Möglichkeit, ihrerseits Waren und seit einigen Jahren auch Dienstleistungen in die AKP-Staaten zu exportieren.

Der Wert der Waren und Dienstleistungen, die auf der Grundlage dieses Vertrages nun zwischen den beiden Vertragspartnern ausgetauscht werden, liegt auf beiden Seiten in Höhe von etwa 50 Milliarden Euro pro Jahr. Das liest sich zuallererst einmal wie ein fairer Deal: Erleichterungen des Exports in die EU ermöglichen es einigen der ärmsten Ländern der Welt, wirtschaftlich international Fuß zu fassen. Bei genauerer Betrachtung der Dinge wird allerdings etwas anderes deutlich. Europas Bauern werden nicht vom Markt bezahlt, sondern von ihren jeweiligen Staaten über den Umweg der EU.

Gleich ob Fleisch oder Gemüse, die Bauern produzieren zum Festpreis, und die EU tätigt Jahr für Jahr Interventionskäufe, um den Teil, der in Europa und darüber hinaus auf den internationalen Märkten nicht zu verkaufen ist, zu horten und selbst zu vermarkten. So kommen europäische Agrarprodukte in Dakar in den Handel. Der EU kann es dabei relativ gleichgültig sein, welchen Preis sie für die Lebensmittel erhält. Wichtig ist der Abbau von Gemüse- wie Fleischbergen oder Milchseen. Den Preis kann sie dabei nach Belieben drücken, bis die mehr oder weniger gleich hohe Summe des Austauschs endgültig zur Farce wird.

Die Länder des Südens hingegen haben wenig mehr anzubieten als nackte Rohstoffe. So sind neben wertvollen Gütern wie Coltan oder Diamanten, um die noch klassische Kriege ausgefochten werden, vor allem Tropenfrüchte und Grundstoffe wie Kaffee und Kakao im Angebot. Die direkte Weiterverarbeitung im Land scheitert nicht nur an mangelnden Kapazitäten vor Ort, sondern oft auch an Fabrikations- und Handelsnormen, die den Import in die EU erschweren.

So geschieht es, dass die Märkte Westafrikas so lange mit Billigware bearbeitet werden, bis die einheimische Produktion von Kartoffeln und mittlerweile immer häufiger auch Tomaten am Boden ist. Auf den Apfel trifft das nicht zu. Er wächst nicht in der heißen Sonne des Senegal oder Togos. Und außerdem ist er im letzten halben Jahrhundert degradiert worden zu einer Fünf-Sorten-Frucht, obwohl es doch Hunderte klassische Apfelsorten gibt. Die mitteleuropäische Frucht hat aber ein anderes Problem. Ihr Image ist ganz unten, vorbei die Zeiten, in denen Zahncremes mit »kraftvollem Zubeißen« in knackige Äpfel warben und dem Apfel heilende Kräfte zugesprochen wurden. In Europa werden viel mehr Äpfel produziert, als verbraucht werden können. Das gilt zum Beispiel für die im Stile Andalusiens organisierte Obstwirtschaft Südfrankreichs. Aber auch an den Bäumen kleinerer Produzenten bleiben die Äpfel hängen, weil das Publikum längst an Früchte gewöhnt ist, die eine längere Anreise hinter sich haben. Während in Europa die Äpfel an den Bäumen verfaulen, werden vor allem Golden Delicious und Braeburn aus Neuseeland und Chile importiert. Selbst zur Saftproduktion lohnt sich der Verkauf für manchen Bauern in Deutschland nicht mehr. Der O-Saft hat dem A-Saft längst den Rang abgelaufen. Deshalb liegen die südfranzösischen Äpfel im Sixpack auf dem Sandaga-Markt. Sie sehen übrigens nach Wochen unter Cellophan und bei Temperaturen, die am Mittag gern weit über vierzig Grad Celsius liegen, noch aus, als wären sie gerade erst geerntet worden.

Das Prinzip Landwirtschaft

Seit etwa 10.000 Jahren bewirtschaften die Menschen die Erde. Vorher haben sie gesammelt und geerntet, was ihnen die Natur freiwillig angeboten hat. Sie haben Tiere gejagt oder sie aus dem Wasser gezogen. Und wenn sie einer Gegend überdrüssig waren – oder die Gegend ihrer – dann zogen sie weiter. Dass sie sich auf Dauer niederließen, einen Grund als das Eigentum einer Person, einer Familie oder einer Gemeinde erklärten, war ein recht bedeutender zivilisatorischer Fortschritt. Der Hintergrund für jede Anstrengung unserer Vorfahren war die Sicherung der Nahrung und damit der Arterhalt. Die Landwirtschaft war hierfür ideal. Zwar löste das Eigentumsrecht neue Konflikte aus, wenn zwei verschiedene Individuen oder zwei unterschiedliche Verbände ein und dasselbe Stück Land beanspruchten, aber die Grundidee war genial.

Bauern hatten immer zu essen. Auch sie hatten unter Unwettern, Dürren oder Plagen zu leiden, aber im Prinzip war die eigene Produktion von Nahrungsmitteln der sicherste Weg, sich und die Familie zu ernähren. Deshalb wurde das Modell auch ein so großer Erfolg rund um den Erdball. Über sehr lange Zeit war die Lebensform »Land« der dominierende Entwurf für Menschen auf allen Erdteilen. Die Erfindung der »Stadt« hat der Idee zunächst auch nicht viel anhaben können. Bis zur industriellen Revolution blieben große Siedlungen die Ausnahmen. Erst in Folge der durch die Industrialisierung und Maschinisierung ausgelösten Beschleunigungsprozesse wurden in Europa die Gesellschaften arbeitsteiliger organisiert, und das Land wurde zum Nahrungsmittellieferanten der Stadt. Mittlerweile lebt die überwiegende Anzahl der Menschen in Städten, und es sollte eine gerechtfertigte Annahme sein, dass die paar Bauern, die für deren Essen sorgen, erstens höchste Achtung erfahren und zweitens sehr gut bezahlt sind. Doch das Gegenteil ist der Fall.

Die EU hat das alte Prinzip Landwirtschaft durch den Wolf gedreht. In Europa kann kaum ein Bauer vom Ertrag seiner Felder, Weiden und Wiesen leben. Der österreichische Weizenbauern Franz Epp sagt über die Geschichte seines Hofes: »Wir haben im Bezirk vor circa zehn Jahren um 25 Prozent mehr Betriebe gehabt. Das heißt, seit dem EU-Beitritt hat circa ein Viertel der Landwirte die Landwirtschaft aufgegeben und sich einen anderen Beruf gesucht oder ist in Pension gegangen, und niemand hat sich mehr gefunden, der den Hof weiter führt. Wenn ich bedenke, dass mein Vater, als er den Betrieb übernommen hat, zwölf Hektar bewirtschaftet hat und eine Familie tadellos ernähren konnte mit demselben Standard, wie wir ihn jetzt haben, und ich den Betrieb versechsfachen musste, damit ich etwa denselben Standard halten kann, dann stimmt das schon nachdenklich.«

In einem kleinen Land wie Österreich geben 4.300 Höfe jährlich die Bewirtschaftung auf. Zumeist sind das kleinere Betriebe, die von größeren Konkurrenten geschluckt werden. Denn die EU setzt ausschließlich auf Größe. Die vierzig Milliarden Euro, die jährlich aus Brüssel in die Kassen der EU-Bauern fließen, beziehen sich auf die bewirtschaftete Fläche, nicht auf den Ertrag. Und im Falle der Viehhaltung entsprechend auf die Anzahl der Tiere. Von der produzierten Ware gelangt ein festgelegtes Kontingent auf den Markt, den Rest übernimmt die EU. Bei unvorhersehbar guten Ernten oder hohen Erträgen in Milch oder Fleisch muss der Betrieb seinen Überschuss auch nicht in der Nachbarschaft verschenken. In dem Fall beginnt die EU mit Interventionskäufen. Diese Übernahmen und Käufe bilden die Grundlage für die Geschäfte mit den AKP-Staaten. Statt auf die Vernichtung riesiger Mengen Nahrungsmittel, wie geschehen in den achtziger Jahren, setzt die EU heute auf Verkauf um jeden Preis.

Das innereuropäische Ziel ist dabei die Vereinheitlichung der Produktion auf möglichst große Betriebe. Von den Mitteln, die die EU an ihre Landwirtschaftsbetriebe ausschüttet, gehen achtzig Prozent an lediglich zwanzig Prozent der Höfe. Die Folgen der industriellen Landwirtschaft sind bekannt: Die Böden werden durch Überdüngung vergiftet, vor allem, weil die Gülle von Millionen Schlachttieren Nährstoffe in den Boden bringt, die dieser gar nicht aufnehmen kann. Der Einsatz von Pestiziden schädigt den Boden, die Ernte, das Grundwasser und die Konsumenten. Und nicht nur nebenbei die Tiere.

Der Rückgang der Anzahl an wilden Tieren in Deutschland wie der Verlust an Artenvielfalt ist nicht etwa auf die Industrie zurückzuführen, die in den meisten Fällen ihre Auflagen einhält. Vorbei sind die Zeiten, als Flüsse wie der Rhein von Schaumkronen zweifelhafter Herkunft verziert wurden. Die Industrie geht mit weniger als drei Prozent in diese Statistik ein. Und der Straßenbau vernichtet zwar mit großer Regelmäßigkeit Frosch- und Igelpopulationen, ist aber in dieser Rechnung nur mit zwei Prozent vertreten. Es ist die Landwirtschaft, die mit ihren direkten und indirekten Wirkungen den wilden Tieren zu Leibe rückt. Mit weitem Abstand führt sie diese Liste mit 78 Prozent an.

Die Bevorzugung großer Landwirtschaftsbetriebe durch die EU-Politik entspricht dem internationalen Trend. In den USA funktioniert das schon lange so, und die großen Konzerne haben den Staaten des Südens, vor allem dem nahe gelegenen Afrika, dieselbe Zukunft zugedacht. Auf der einen Seite werden ganze Landstriche auf extensiven Anbau von Gütern vorbereitet, die sowohl im Süden selbst als auch in reicheren Ländern verkauft werden könnten. Neue Großbetriebe in den armen Ländern würden über kurz oder lang von Konzernen aus Europa oder den USA übernommen. Auf der anderen Seite bereitet die Zerstörung der Existenzgrundlagen von Bauern in Westafrika den Boden für neue Absatzmärkte, die wiederum den Betrieben in der EU zugute kommen würden. Relativ stabile Märkte in den AKP-Staaten bescheren ihnen den sicheren Absatz jener Ware, die in Europa nicht mehr gebraucht wird.

Die großen Einheiten sind auch ganz im Sinne der Saatgutfirmen, die nicht scharf darauf sind, mit jedem Kleinbauern einen Vertrag über den Verkauf ihrer Ware abzuschließen. Die totale Synchronisation der internationalen Landwirtschaft ist das Ziel der beiden Großen in diesem Geschäft, von Pioneer und Monsanto, die nach dem Aufkauf der wichtigsten Konkurrenten als die beiden einzigen Global Player in dem Gewerbe gelten dürfen. Die beiden Konzerne haben den Markt regelrecht aufgeteilt. Pioneer bearbeitet die Sparte Hybridsaatgut, und ihr Vorgehen in Äthiopien ist ein gutes Beispiel ihrer Unternehmenspolitik. Monsanto hingegen ist der Marktführer in der Abteilung gentechnisch manipuliertes Saatgut. Dabei sind auch Monsantos wichtigste Produkte die Saat für Hybridpflanzen, meistens handelt es sich dabei um Mais, Soja und Weizen, also drei der wichtigsten, weil am meisten angebauten agrarischen Produkte für die Weiterverarbeitung zu Nahrungs- oder Futtermitteln. Mittlerweile neunzig Prozent des weltweit verkauften gentechnisch manipulierten Saatgutes werden von Monsanto produziert und verkauft. Das zweite Standbein von Monsanto ist die Anmeldung von Patenten, vor allem auf Grundnahrungsmittel, die seit langer Zeit auf der Erde angebaut werden. Dieser Vorgang wird als Biopiraterie bezeichnet. 1997 behauptete das Unternehmen RiceTec aus Texas, den Basmati-Reis erfunden zu haben, um ihn beim US-Patentamt anzumelden. Der Antrag wurde bewilligt, und so standen die indischen und pakistanischen Reisbauern kurz vor der Situation, mit der nächsten Aussaat von Basmati-Reis zu Kriminellen zu werden. Erst Wochen nach der Veröffentlichung des Patents durch die US-Behörde wurde auch die indische Regierung aktiv, und unter den Augen der internationalen Öffentlichkeit kassierte ein US-Gericht das Patent. RiceTec verkauft seine Erfindung heute in den USA als Consumer Product unter dem Kompromissnamen »Kasmati«. Weitere Konzerne, die sich in der Disziplin hervorgetan haben, Patente auf Grundnahrungsmittel anzumelden, sind der multieuropäische Konzern Syngenta und Bayer aus Leverkusen.

Monsanto hat zusammen mit den Tochterfirmen mehr als 1.000 Patente angemeldet. Darunter sind gentechnische Kreuzungen aller Art, aber auch skurril wirkende Anmeldungen, die schon in eine ganz neue Richtung weisen. Die indische Weizensorte Nap Hal, aus der in vielen indischen Haushalten die Brotsorte Chapatti gemacht wird, das fast nicht aufgeht im Ofen, wurde von Monsanto in den USA zum Patent angemeldet, woraus der Konzern einen weltweiten Anspruch ableitete. Allerdings wurde das Patent in Indien nicht anerkannt, und das Europäische Patentamt widerrief den Monsanto-Anspruch für die Europäische Union. Und in den USA hat das Patent weiterhin Bestand. So können indische Exporteure also nicht in die USA liefern, und in die USA eingeführte fertige Produkte aus Nap Hal würde Monsanto sofort als sein Eigentum reklamieren.

Der wesentliche Teil des aktiven Geschäfts ist der Verkauf von Saatgut. Monsanto hat Vertragspartner rund um den Erdball. »Kein landwirtschaftlicher Betrieb in Nordamerika ist zu groß, kein Familienbetrieb in Afrika oder Südamerika zu klein«, schreibt Greenpeace, »als dass Monsanto sich nicht dafür interessierte.« Das Firmenziel beschreibt die Umweltorganisation recht klar: »Der global agierende Monsanto-Konzern verfolgt ein atemberaubendes Ziel: Das Unternehmen will nichts weniger, als die Weltlandwirtschaft vollständig unter seine Kontrolle bringen – in Nordamerika ebenso wie in Europa, in Asien ebenso wie in Afrika und Südamerika.«

Die Geschichte der Firma Monsanto ist nicht die eines typischen Nahrungsmittelkonzerns. 1901 gegründet, war 1903 der Süßstoff Saccharin das erste bahnbrechende Produkt. Zu den Produkten, mit denen Monsanto richtig Geld verdient hat, gehört das Herbizid Lasso, das unter dem Namen Agent Orange von der US-Armee in Vietnam eingesetzt wurde. Das gentechnisch produzierte Rinderwachstumshormon Posilac oder rBST sorgt seit 1993 dafür, dass Kühe viel mehr Milch produzieren als zuvor. Das Medikament führte bei Kühen allerdings auch zu eitrigen Euterentzündungen, so dass die Milch, die sie gaben, mit Keimen verseucht war. Allein in den USA klagten mehr als 1.300 Bauern über schwer wiegende Folgeschäden bei den Tieren. Einen enthüllenden Bericht beim TV-Sender Fox wusste Monsanto über Jahre hinweg zu verhindern. Monsanto lagen Studien vor über Folgeschäden bei PCB oder Dioxin, noch während der Konzern Produkte herstellte, die diese Stoffe enthielten.

Kontrollieren und Kontaminieren

Einmal auf dem Feld mit seinem Saatgut angekommen, lautet die Strategie von Monsanto: Kontrollieren und Kontaminieren! Zentraler Bestandteil des Vertrags, den Monsanto mit Landwirten eingeht, ist das Verbot, die Ernte als Saatgut zu benutzen. Hier greift schon die Eigentumsklausel auf die Ernte, weil der Bauer nicht mehr vollkommen frei über die Verwendung seines Saatergebnisses verfügen kann. Außerdem muss sich der Bauer verpflichten, den Kontrolleuren von Monsanto Zutritt zu seinen Feldern zu gewähren. Eine Klausel, die viel aussagt über das Verhältnis zwischen Konzern und landwirtschaftlichem Betrieb – allerdings braucht Monsanto keine Einwilligung, um seine Privatpolizei jemandem aufs Feld zu schicken, das gilt auch bei Bauern, die gar kein Saatgut bei dem Unternehmen erworben haben. Als Gerichtsstand müssen alle Vertragspartner St. Louis in Missouri akzeptieren, müssen also damit rechnen, dass Monsantos Anwälte auf ihnen bekannte Richter stoßen, wohingegen sich der juristisch unerfahrene Landwirt zuerst einmal um einen juristischen Beistand gegen den Konzern in dessen Heimat kümmern muss. Besser: müssten, denn den Schritt, gegen Monsanto einen Prozess zu bestreiten, scheuen die allermeisten Bauern.

»Monsantos Anwälte würden bestreiten, das Unternehmen habe die Kontamination ganzer Regionen mit seinen Gen-Saaten absichtlich herbeigeführt«, schreibt Greenpeace. »Tatsache ist: Eine solche Kontamination findet in dramatischen Ausmaßen statt, bislang vor allem in Nord- und Südamerika.« Dass sich der gentechnisch manipulierte Pollen wie jeder andere durch die Luft bewegt, lässt sich nicht verhindern. Monsanto schließt daraus, dass jede Kreuzung, die sich auf Äckern von Nicht-Vertragspartnern befindet, automatisch Eigentum von Monsanto ist. Legendär ist der Prozess gegen den kanadischen Rapsfarmer Percy Schmeiser. Detektive des Konzerns hatten 1998 behauptet, im Saatgut von Schmeiser Eigenschaften von Monsantos transgenem Rapssamen entdeckt zu haben. Das Unternehmen zog gegen ihn vor Gericht mit der Begründung, Schmeiser habe sich den Samen illegal beschafft, wahrscheinlich gestohlen in einem konzerneigenen Lager. Erst später mussten die Vertreter des Konzerns zugeben, dass sie lediglich in einem Graben, der eine Grenze zu Schmeisers Land markierte, einige Pflanzen gefunden hätten, die dort durch Pollenflug gelandet seien. Der kanadische Richter gab Monsanto trotzdem Recht und erklärte das gesamte Saatgut zum Eigentum des Konzerns. Die juristische Auseinandersetzung brachte interessante Details an den Tag. Monsanto erpresst Farmer mit Briefen, in denen behauptet wird, man könne belegen, dass auf dem Land des Betroffenen Eigentum des Konzerns gefunden worden sei und dass dies zu einer Schadenersatzforderung von 100.000 oder 150.000 Dollar führen könne. Es soll Farmer gegeben haben, die aus Angst vor einer juristischen Auseinandersetzung gezahlt haben. Schmeiser erzählt, dass alle Kollegen, die im Prozess für ihn ausgesagt haben, von Monsanto solche Briefe erhalten hätten. Das Urteil gegen Schmeiser wurde letztinstanzlich im Frühjahr 2004 bestätigt. Allerdings wurden ihm sämtliche Strafen und Prozesskosten erlassen – insgesamt mehrere Hunderttausend Dollar. Beobachter werteten das als Konzession für das illegale Vorgehen von Monsanto, gaben dem Konzern in der Sache aber nach wie vor Recht. Noch vor dem erstinstanzlichen Urteil hatte Dale Adolphe, der Vorsitzende der Canadian Seed Growers Association, das Problem und seine Lösung in einem einzigen Satz zusammengefasst: »Es gibt weltweit so viel Widerstand gegen jede weitere Freisetzung gentechnisch veränderter Pflanzen, dass die einzige Möglichkeit, damit weiter zu kommen, in der Kontamination liegt.«

Noch ein Besuch im Supermarkt. Das Licht leuchtet immer noch gelblich, die ausliegende Ware ist gerade erst mit dem Wasserzerstäuber verschönert worden. Sechs verschiedene Sorten Tomaten liegen auf der obersten Ebene der Verkaufsinszenierung, von der Cherry-Tomate bis zur dicken schweren, die man in Scheiben geschnitten immer auf den Salaten findet, die man im Restaurant bestellt. Die Tomate ist das Symbol der modernen Gemüseproduktion, des modernen, bewusst lebenden Menschen, der sich für Gemüse und Salat entscheidet. Sie ist immer verfügbar, immer rot und meistens von fester Konsistenz, wo das Original doch eigentlich einst eine sehr verletzliche Frucht gewesen sein muss. Dafür ist sie heute allerdings oft ohne Geschmack. Typisch für die Befriedigung gehobener europäischer Bedürfnisse ist die Rispentomate, die den Eindruck vermitteln soll, gerade vom Strauch gepflückt worden zu sein und so die Restverbundenheit zur Natur ausdrückt, die dem modernen Großstadtmenschen so gefällt. Und wenn sie schon nach wenig oder gar nichts schmeckt, so riecht sie doch so herrlich sortentypisch. Darauf haben die Tomatendesigner natürlich geachtet. Unten bei der Bückware liegt zwischen Zwiebeln und Kartoffeln noch ein siebtes Tomatenangebot. Im 500-Gramm-Netz kann man die ganz blassen kaufen. Ihnen fehlt sogar die rote Farbe, die doch das eigentliche Verkaufsargument für die Tomate ist. Die hier hat einen Farbton zwischen bleich und orange, und wenn man sie aufschneidet, sieht man oft ein wenig ansprechendes Bild. Schwarze Kerne neben den weißen, die wir aus den Tomaten kennen. Sie sehen ekelhafter aus als sie tatsächlich gefährlich sind. Es sind die Samenkörner, die sich in der Tomate nicht zu Ende entwickelt haben. Man kann sie unbedenklich essen, wenn man diese Tomate denn unbedingt essen will. Der Freiburger Umweltmediziner Frank Daschner hält dem entgegen: »Da Treibhaustomaten oft nicht mehr in Erde wachsen, woraus ja der Geschmack käme, sondern auf einem Gemisch verschiedener Fasern und Nährlösungen, in denen sich Bakterien hervorragend vermehren können, kann eine einzige Tomate Tausende von Bakterien enthalten, die für abwehrgeschwächte Patienten gefährlich werden könnten. Unsere Knochenmarkstransplantations-Patienten in der Klinik dürfen schon lange keine Tomaten mehr essen.«

Um die beiden am nächsten liegenden Antipoden zu bemühen: Im weit gehend armen Afrika können Bauern nicht sicher sein, von ihrer Arbeit und ihrer Ernte überleben zu können. Wer für den eigenen Bedarf und den Verkauf auf dem regionalen Kleinmarkt produziert, hat noch die größte Chance, dem Hunger zu entkommen. Wer für eine Genossenschaft oder einen überregionalen Verbund Rohware herstellt, die für den Weltmarkt bestimmt ist, gleich ob dies Mais ist oder Kakao, Baumwolle oder Erdnüsse, läuft schnell Gefahr, einen großen Teil des Jahreseinkommens zu verlieren, wenn an der Chicagoer Agrarbörse zum Beispiel der Preis für ein Getreide von interessierter Seite gedrückt wird. Keine staatliche Hilfe steht dann bereit, um die Verluste auszugleichen. Die grässliche Wahrheit ist, dass es im 21. Jahrhundert gerade die Bauern und ihre Familien sind, die dem Hunger zum Opfer fallen.

Brot
Soja-Gene, Brotabfall & Schweineborsten

Kapitel II

Brotlaibe liegen in großer Zahl im Regal. Kuchen und andere Süß-
waren warten unter der Theke auf Käufer. Aber deswegen ist kein
Mensch gekommen. Die Bäckerei ist knallvoll. Die meisten Leute warten schon einige Minuten, denn die Brötchen sind aus. Aus der Backstube weht der warme Geruch nach frischem und knusprigem Nach-
schub herein. Lange kann es nicht mehr dauern. Endlich kommt der
Bäckermeister mit einem großen Korb heißer Brötchen nach vorne
in den Laden. Er begrüßt die Kundschaft und kippt die begehrte Ware in einen anderen Korb unter dem Brotregal. Der Bäcker hat dunk-
le Ringe unter den Augen, er schläft nicht viel. Er steht früh auf und
hat am Abend oft Probleme, rechtzeitig Schlaf zu finden. Man sieht
ihm an, dass er auch in der letzten Nacht kurz vor zwei Uhr aus dem
Bett geklettert ist.

Mal ehrlich, wann haben Sie diese oder eine ähnliche Szene zuletzt
gesehen? Wenn das noch nicht allzu lange her ist, dann war das ver-
mutlich, als Sie ihren Kindern etwas vorgelesen haben, denn in Kin-
derbüchern werden traditionelle Handwerksberufe noch immer so
vorgestellt, wie es sie schon lange nicht mehr gibt. Dort sieht der Bäcker noch aus wie zur Mitte des letzten Jahrhunderts – und genauso
seine Bäckerei. Aber diese Betriebe gibt es nicht mehr. In der Stadt
haben sich die Back-Ketten und SB-Bäckereien durchgesetzt, dazu
gibt es immer mehr Brot, das das Kassenpersonal in den Discountern
rechtzeitig aus dem Aufbackofen holen muss. Und die letzten Dorf-
bäckereien haben sich auch nicht behaupten können gegen die Filial-
betriebe, die in den großen Supermärkten auf der grünen Wiese eine
Ecke neben dem Eingang besetzen. Das Handwerk Backen lebt nur
bei wenigen Einzelkämpfern weiter, die entweder durch gutes Mar-
keting oder mit fantastischem Backwerk ihren Betrieb erhalten können. Daneben gibt es noch ein paar spezialisierte Läden, die auf ökologische Produkte setzen. Obwohl auch die immer mehr wie Supermärkte aussehen und in allen Städten das gleiche Sortiment anbieten.

Das Backen ist in den letzten Jahren zu einer industriellen Angelegenheit geworden. Damit reiht sich das Handwerk ein in jede andere Form der Nahrungsmittelherstellung. Kleine Handwerks- und Handelsbetriebe haben sehr oft die Segel streichen müssen angesichts der übermächtigen Preiskonkurrenz der Supermärkte und Discounter. Allerdings haben sich auch die Bedürfnisse verändert. Gab es früher in der Bäckerei Morgen- und Abendbrötchen, um zweimal am Tag frische Ware zu verkaufen, müssen die Semmeln jetzt alle zwanzig Minuten aus dem Ofen gezogen werden, um bei der Kundschaft als frisch zu gelten. Möglich wurde das durch eine neuartige Hefe, die ein Spiel mitmachte, das bislang undenkbar schien. Diese Hefe lässt sich nämlich einfrieren, verarbeitet im halbfertigen Teigling, der sich je nach Bedarf lagern oder auftauen und in den Ofen schieben lässt. Diese Leistung zu erbringen wurde der Hefe ermöglicht durch den Einsatz von Biotechnologie. Das ist der Begriff, den die Industrie für die Manipulation von genetischem Erbgut benutzt. Bis zur Mitte der neuziger Jahre wäre ein Stück Teig, das geformt worden ist, um einmal eine Semmel zu sein, in der Tiefkühlung kaputtgegangen. Heute ist das eingefrorene Teigteil die Grundlage der modernen Backwirtschaft. Technisch gesehen sicherlich ein Fortschritt, allerdings einer, der weder mehr Menschen in Arbeit gebracht noch irgendwo ein Hungerproblem gelöst hat.

Die circa 85 Kilogramm Brot und Brötchen, die jeder Mensch in Deutschland jährlich isst, kommen zum großen Teil fertig aus der Fabrik. In Ungarn zum Beispiel gibt es sowohl die benötigten Rohstoffe als auch die preiswerten Arbeitskräfte, um solche Waren zu produzieren, die dann unter Wahrung der Kühlkette in Richtung Mitteleuropa transportiert werden. Auch die meisten klassischen Bäckereigeschäfte werden mittlerweile von den großen Industrieanlagen beliefert, in denen vom Vollkornbrot bis zum Croissant alles entsteht, was der deutsche Geschmack zu Wurst, Käse und Marmelade bevorzugt. Nur mehr vierzig Prozent der Backwaren werden in Deutschland über eine so genannte Servicetheke verkauft. Bei mehr als der Hälfte der Läden, Abteilungen oder Shop-in-Shops wird für den Verkauf keine Arbeitskraft mehr benötigt. Der Kunde zieht selbst die

Ware aus dem Regal und legt sie in den Einkaufswagen, und mancherorts scannt er den Preis auch schon selbst an der Kasse. Das entspricht der Situation bei der Herstellung: Wo früher menschliche Hände den Teig mischten, kneteten und Brotlaibe formten, läuft heute an der Fertigungsstraße alles ohne Zutun von menschlicher Arbeitskraft. Die Zutaten für den Teig werden computergesteuert in einen Bottich eingespeist und verrührt. Der Teig wird dann automatisch für ein Band zu einer Endloswurst geformt, anschließend portionsweise zerteilt und auf Blechen platziert oder in Formen wie etwa beim Toastbrot.

Industrielle Nahrungsmittelproduktion ist im Prinzip nichts Schlechtes. Arbeitsteilige Gesellschaften wie die Staaten der Europäischen Union können schon lange nicht mehr von sympathischen kleinen Manufakturen ernährt werden. Aber der Situation bei der Herstellung entspricht das System beim Absatz mit immer weiter wachsender Konzentration auf immer weniger Fabrikationsstätten und immer größeren Supermärkten. Und darauf baut ein Produktionssystem auf, dessen Ziele in erster Linie nicht auf Verbesserung des Produkts ausgerichtet sind, sondern auf Reduzierung der Kosten und Vereinfachung der Abläufe, was wiederum auch eine Verringerung des finanziellen Aufwandes bedeutet und daher oft mit einer radikalen Reduzierung von Arbeitsplätzen einhergeht.

Für das als Verbraucher bezeichnete Zielpublikum hat industrielle Nahrungsmittelproduktion einige unschlagbare Vorteile. Das fabrikfrische Essen wird stets in große Häuser ganz in der Nähe gefahren; viele der Dinge, die man dort kaufen kann, sind endlos haltbar; die massenweise Herstellung der Güter senkt prinzipiell den Preis, jedenfalls im Vergleich zu mit der Hand gefertigten Konkurrenzprodukten – allerdings sind Preise im Einzelhandel nur selten transparent. Viele Produkte, die in der Herstellung nur wenig Aufwand erfordern und die Hersteller nur sehr wenig Geld kosten, werden trotzdem um ein Vielfaches verkauft. Viele dieser Verbraucher empfinden es außerdem als unschlagbaren Vorteil, dass industriell gefertigte Ware immer identisch schmeckt – wenn bei der Produktion nichts aus dem Ruder gelaufen ist.

Toastbrot zum Beispiel. Ein Blick auf die Zutatenliste von industriell gefertigtem Brot verdeutlicht die Strategien der Industrie. Jedes dritte in Supermärkten verkaufte Brot läuft unter dem Label »Toastbrot«, sagt die Stiftung Warentest. Ein Toastbrot braucht als Ingredienzien nicht mehr als Mehl, Wasser, Hefe und Salz – natürlich kann man Butter für den besseren Geschmack hinzufügen oder diverse Körner und Kerne, um den Widerstand beim Kauen zu erhöhen. Wer sein Toastbrot im Supermarkt kauft, erhält aber noch viele Dreingaben, von denen etliche im Brot nur wenig und andere rein gar nichts zu suchen haben. Zucker ist die sinnloseste all dieser Zutaten, aber ein beliebter Bestandteil, von der Nahrungsmittelindustrie zugesetzt, um geschmackliche Defizite zu übertünchen. In manchen Toastbroten ist sogar mehr Zucker als Salz enthalten. Findet sich Zuckerrübensirup im Toastbrot, dann handelt es sich in dem Fall mit Sicherheit um ein so genanntes Vollkorntoastbrot oder einen Dreikorntoast. Der Sirup ist eher ungefährlich, sein Einsatz dient dem Färben des Brotes. Seit vielen Jahren benutzen ihn auch viele kleine Bäcker, um ihrem Roggenbrot, in dem bestenfalls zwanzig Prozent Roggen enthalten sind, den gewünschten dunklen Ton zu geben. Der sieht zwar nicht nach Roggen aus – aber wer weiß schon noch, wie ein Roggenbrot aussieht. Durch die industrielle Produktion von Nahrungsmitteln ist ja viel an Wissen über Essen und über seine Herkunft, seine Kultur, verloren gegangen. Einige Toastbrote enthalten auch Molkenpulver, ein Abfallprodukt der Milchwirtschaft.

Auch Sojamehl gehört zu den weit verbreiteten Bestandteilen der Rezeptur von Toastbroten. Sechzig Prozent des weltweit angebauten Sojas ist mittlerweile gentechnisch verändert, ein Umstand, der in Europa durchaus den Verkauf bremsen kann. In Deutschland zum Beispiel sind gentechnisch manipulierte Zutaten in der Inhaltsliste auf der Packung zu kennzeichnen. Seit Nestlé im Winter 1998 stellvertretend für die ganze am Thema interessierte Branche den Versuch durchführte, einen Zuckerriegel namens »Butterfinger« am Markt zu etablieren, auf dem weithin sichtbar das Etikett für gentechnisch manipulierte Zutaten prangte, gelten hierzulande Produkte mit einem Label dieser Art als unverkäuflich.

Folglich ziert kein einziges Toastbrot-Produkt der Hinweis auf die gentechnische Manipulation von Soja, der Pflanze, aus der das Mehl für den Brotteig gewonnen wird. Das ist mindestens seltsam, denn der Naturschutzbund Deutschland stellte im Jahr 2005 klar, dass in Deutschland kaum Soja gehandelt wird, das nicht als gentechnisch veränderte Ware verkauft wird: »Selbst Soja, das aus nicht gentechnischem Anbau stammt, wird hierzulande in der Regel als Gen-Soja vermarktet. Sämtliche Säcke tragen den Aufdruck ›hergestellt aus gentechnisch veränderten Sojabohnen‹. Die Händler schützen sich damit vor Regressforderungen und sparen sich aufwändige Analysen.« Angesichts dieser Praxis ist es eher unwahrscheinlich, dass ausgerechnet die großen Bäckereien gentechnisch nicht verändertes Soja ankaufen sollen für ihre Toastbrote. Zumindest findet sich nirgendwo ein Hinweis auf das Gegenteil. Das gleiche Problem hat man beim Sojalecithin, ein Emulgator, der in vielen Broten enthalten ist. Der Emulgator ist ein kleiner technischer Helfer, der es ermöglicht, die eigentlich unvereinbaren Zutaten Wasser und Fett miteinander zu verbinden. Sojalecitihin wird, wie der Name schon sagt, ebenfalls aus Soja gewonnen. Der Blick auf die Inhaltslisten von industriell gefertigten Lebensmitteln ist stets lohnend, vor allem wenn man die Ausdauer mitbringt, sie zu dechiffrieren. Allerdings bleiben manche Dinge trotzdem verborgen, wie das oben genannte Beispiel zeigt.

Die Grenzen zwischen industrieller Produktion und Handwerk haben sich in den letzten Jahren mehr und mehr verwischt. Die Industrie wie auch viele Kleinbäcker lassen sich von den großen Mühlen mit fertigen Mehlmischungen beliefern, die schon Mischbrot oder Fitnessbrot heißen und dem Bäcker das Denken bei der Arbeit zur Gänze abnehmen. Spezialisten aus der chemischen Industrie sorgen für wichtige Zusätze. Neben den Emulgatoren kommen ganz verschiedene Backmittel zum Einsatz, wobei besonders Teigfestigkeit und Teiggeschmeidigkeit wichtig sind. Damit der Teig schön aufgeht, wird beinah allen Mehlmischungen schon in den Mühlen Ascorbinsäure (Vitamin C) zugesetzt, ein Wirkstoff, auf das viele Menschen allergisch reagieren. Per Gesetz ist es mittlerweile verboten, das aus chinesischem Menschenhaar hergestellt Cystein einzusetzen. Dieses

Mehlbehandlungsmittel leistet gute Hilfe in der Backstube – vom Bäcker wird es Antischnurrmittel genannt, weil der Teig nicht schnurren darf. Es erlaubt eine ziemlich exakte Größeneinstellung für kleinere Teigwaren zwischen Keks und Brötchen. Einmal fertig gestellt, fällt der Teig nicht in sich zusammen, das ist das Schnurren. Außerdem erlaubt Cystein die Aufarbeitung von Teig, der eigentlich schon zu alt ist und somit nur noch für den Müll taugt. Heute kann man Cystein zum Glück auch aus Schweineborsten gewinnen.

Brot ist das Lebensmittel, das ganz direkt bedroht ist vom wachsenden Anteil gentechnisch manipulierter Rohstoffe. »Nach fünfzehn Jahren Verzehr von gentechnologischen Lebensmitteln ist in den USA bis jetzt noch nicht einmal ein Krankheitsfall aufgetreten. Und trotzdem sind wir in Europa so beunruhigt, dass uns irgendetwas passieren kann. Also auch dort ist mehr Heuchelei als sonst irgendwas«, so Peter Brabeck, der Chef von Nestlé. Er spricht aus, was die Nahrungsmittelindustrie durchsetzen möchte, denn in den meisten Staaten Europas gibt es, wenn auch in unterschiedlicher Heftigkeit, einen recht breiten Konsens gegen gentechnisch veränderte (»genetically modified« und im Internet oft einfach unter »GM« zu finden) Lebensmittel und sehr unterschiedliche Aktionen dagegen.

Schon der von Nestlé gelaunchte »Butterfinger« war an sehr simplen Aktionen gescheitert. Tausende Postkarten wurden an die entsprechenden Handelskonzerne geschickt, die irgendwann einfach keine Lust mehr hatten, sich mit dem Thema zu beschäftigen. Jedenfalls lassen sich im Moment Lebensmittel mit gentechnisch veränderten Zutaten, die als solche ausgewiesen sind, noch nicht durchsetzen. Vielleicht hat Brabeck ja Recht mit seiner Haltung, dass fünfzehn Jahre gentechnisch veränderte Lebensmittel in den USA keinen einzigen Krankheitsfall hervorgebracht haben. Belegen kann er es nicht. In den USA sind es beinahe zwanzig Prozent der Bevölkerung, die aus Bewegungsmangel im Zusammenhang mit schlechtem Essen sterben. Die Weltgesundheitsorganisation forscht unentwegt, um Krankheiten auf die Spur zu kommen, die durch schlechte Ernährung verursacht sein könnten. Das gilt vor allem für die ärmeren Bevölkerungsschichten, die mehr als Wohlhabende auf den Erwerb massenhaft gefertigten Essens angewiesen sind. Und hier genau setzt die Industrie ja vor allem an, die Zutaten gentechnisch zu manipulieren, bei Mais, Weizen, Soja.

Die Pläne der EU-Kommission, die Bio-Richtlinien zu vereinheitlichen, werden schon bald Gestalt annehmen. Mit der synchronisierten Öko-Food-Verordnung für alle Staaten der EU werden auf Dauer die selbstverordneten Verpflichtungen der biologisch arbeitenden Nahrungsmittelproduzenten ausgehebelt.

Wo demnächst Bio drauf steht, muss längst nicht mehr Bio drin sein. Die Eu steht nicht nur unter dem Druck der eigenen Nahrungsmittelkonzerne. Vor allem aus den USA kommt Druck – nicht direkt, aber über den Umweg über die europäische Automobilindustrie. Denn die sieht sich mit folgendem Bedrohungsszenario konfrontiert: Die USA wollen Einfuhrsteuern für die vierrädrige Ware erheben, wenn die EU sich weiterhin weigert, ihre als Agrarerzeugnisse getarnten Chemieprodukte auf die Märkte zu lassen. Der Druck, den die Autokonzerne wiederum auf die europäischen Regierungen in dieser Sache ausüben, dürfte noch ein kleines bisschen mehr Gewicht haben als jener, den die europäischen Weinbauverbände produzierten, als es darum ging, die von den USA geforderte Anerkennung gepanschter US-Weine für Europa durchzusetzen. Was auf den ersten Blick absurd erscheint, wird schnell logisch. Auch ihnen geht es um den Export ins Wein-Import-Land Nummer eins.

In Deutschland und Italien haben Experimente mit Mäusen gezeigt, dass diese den Verzehr von gentechnisch verändertem Mais nicht überstehen, ohne dass sich ihr Erbmaterial verändert. Das muss nicht bedeuten, dass der Mensch auch Schaden nimmt, wenn er ein Toastbrot zu sich nimmt, in dem Mehl aus gentechnisch verändertem Soja verwendet wird. Andererseits ist bis heute auch nicht belegt, dass der Verzehr gentechnisch veränderter Lebensmittel für den Menschen nicht ungesund ist. Möglicherweise wären dafür auch Studien nötig, die über mehrere Generationen laufen. Aber hier liegt ein weiteres Problem. Das Denken in so langen Zeiträumen lässt ein Wirtschaftssystem, das auf Schulden, Zinsen und permanentem Wirtschaftswachstum aufbaut, gar nicht zu. Innovationen müssen sofort auf den Markt, um die Margen zu steigern und die Entwicklungskosten so schnell wie möglich zu realisieren.

Das europäische Denken hinsichtlich der Gefahren, die von gentechnisch veränderter Nahrung ausgehen, konzentriert sich zur Zeit noch sehr auf sich selbst, auf die Gefahren für Europa und die europäischen Bäuche. Dabei sind Menschen in anderen Teilen der Erde weitaus stärker betroffen von den Anstrengungen von Industrie und Forschung, die weltweite Nahrungsmittelproduktion zu synchronisieren. Die durch gentechnisch veränderten oder hybriden Samen weitgehend zerstörten Maisproduktionen in Mexiko oder Äthiopien haben vielen Menschen die Nahrungsmittelgrundlagen genommen. Wo einst Mais wuchs, der die ganze Vielfalt der Pflanze repräsentierte, wie in Mexiko, nimmt die willentlich ausgestreute genetisch veränderte Konkurrenz immer mehr Raum ein und kreuzt sich, wo eben möglich, mit der originären Pflanze, um sie zu verdrängen. Und die ehedem leidlich fruchtbaren Maisanbaugebiete in Äthiopien sind durch den Anbau von Hybridpflanzen keine Träger mehr von neuer Nahrung in Form von Saatgut, weil die Hybriden keine Grundlage dafür hergeben. Die Nahrungsmittelindustrie arbeitet international und interkontinental.

Die Zusammenarbeit von Saatgutkonzernen und Nahrungsmittelmultis offenbart aber noch einen weiteren Grund, misstrauisch zu sein. Die Weltmarktführer in der Saatgutbranche, Pioneer Hi-Bred und Monsanto, haben in den letzten Jahren viele Menschen um ihre materielle wie physische Existenz gebracht. Dass dies bislang in den armen Ländern der Erde geschehen ist, heißt nicht, dass das so bleiben wird. Das gleiche gilt für den weltgrößten Nahrungsmittelkonzern Nestlé. Die Boykottaktionen gegen die Firma am Genfer See bezog sich auf den vieltausendfachen Tod von sehr kleinen Kindern, die durch die Einnahme von Nestlé-Milchpulver, angerührt in verschmutztem Wasser, gestorben sind. Der Konzern überzeugte mit ausgeklügelten Werbekampagnen und durch den Einsatz von Ärzten, die daraus einen materiellen Vorteil gezogen haben dürften, Frauen, vom Stillen abzusehen und ihren Nachwuchs lieber mit Nestlé-Milchpulver zu ernähren, aufgelöst in schmutzigem, giftigem

Wasser. Wir können mit Sicherheit annehmen, dass keiner der großen Lebensmittelkonzerne daran interessiert ist, sein kaufkräftiges Zielpublikum in den industrialisierten Ländern mit ihren Produkten massenweise umzubringen. Schließlich baut ihr Reichtum darauf auf, an deren Geld zu kommen. Umgekehrt müssen wir aber davon ausgehen, dass jeder der großen Konzerne bereit ist, kurz-, mittel- oder langfristig auch dort viele Opfer in Kauf zu nehmen, wenn es ihrem Umsatz nützt.

Es war eine Erfindung, die die Konzentration im Backgewerbe möglich gemacht hat, die Entwicklung einer Hefe, die die Tiefkühlung ohne Schaden übersteht. Das hört sich recht unspektakulär an, aber diese vermeintliche Kleinigkeit hat maßgeblich zu der Situation geführt, wie wir sie heute kennen. Nur noch gut ein Viertel der Brote und Kuchen werden in den klassischen Einzelbäckereien verkauft, in denen sich die Backstube gleich hinter der Verkaufstheke befindet. Die Großbäckereien, nach eigenem Selbstverständnis ab zwanzig Filialen, verkaufen hingegen zusammen mit den SB-Bäckereien und den Aufback-Stationen in Discountern schon mehr als zwei Drittel der Ware. Die tiefkühlbare Hefe veränderte zuerst den Alltag der Bäcker. Keine Notwendigkeit mehr, Morgen für Morgen die frühe Fron zu leisten, um die kleinen Dinger rechtzeitig zum Frühstück für die Mehrheit der Bevölkerung in den Verkaufskörben zu haben. Auf einmal ließ sich alles, aber auch alles von langer Hand vorbereiten, von der normalen Semmel bis zum Mohnbrötchen. Für den kleinen Bäcker bedeutete das ein ziemliches Plus an Lebensqualität. Er ahnte ja nicht, dass damit auch sein berufliches Todesurteil gesprochen war. Die schöne Erfindung nutzten die schon existierenden Bäckerei-Ketten, die damit ihre Infrastruktur rationaler organisieren konnten, und brachte auch findige Unternehmer auf den Plan, wie den rheinischen Unternehmer Kamps, der mit seinen Filialen, die sich oft selbst die Kunden abjagen, Deutschland überzog. Das Prinzip der Franchise-Betriebe war einfach. Aus einer Großbäckerei in der Region wurden Brote und etwas komplizierter herzustellende Waren in die Filiale transportiert, Brötchen und anderes Kleingebäck mussten die meist fachfremden Franchise-Nehmer selbst aufbacken. Sie selbst erhielten Teiglinge gefroren, die neue Hefe machte es möglich. Die Hefeentwicklung brachte den Unternehmer Kamps an die Börse, und mit dem neuen Geld kaufte er Großbäckereien, bis das schnell wachsende Unternehmen selbst vom italienischen Nudelgiganten Barilla geschluckt wurde.

Aber die Entwicklung war noch nicht zu Ende. Die Industrialisierung der Bäckereien hatte eigentlich gerade erst begonnen. Der nächste Schritt war die komplette Umstellung ganzer Sortimente auf halbfertige Produkte. Die SB-Shops und die Backöfchen in den Discountern bedienen sich mittlerweile ganzer Produktpaletten, die nicht selten in Osteuropa hergestellt werden, um, wie immer, Lohnkosten zu sparen. Angesichts der Möglichkeiten, die die neue Technik bietet, ist es eigentlich vermessen, von frischen Brötchen zu sprechen. Denn klar ist heute eigentlich nur eines. In einem Großteil der Läden, die heute Backwaren verkaufen, werden keine Brötchen verkauft, an die ein Bäcker morgens Hand angelegt hat. Das ist nicht wirklich schlimm für ein Publikum, das daran gewöhnt ist, sich aus der Tiefkühltruhe zu ernähren, könnte aber deklariert werden. »Diese Semmeln wurden vor vier Monaten in Rumänien hergestellt« wäre vielleicht ein Weg. Damit soll hier nichts gegen rumänische Backwaren gesagt sein.

Das Diktat der Frische gilt, seit minütlich Ware aus den Öfen gezogen wird. Es muss dampfen und gut riechen. Wie alt die Ware tatsächlich ist, und ob die Kruste bröselt, weil es sich eben um Tiefkühlware handelt, scheint keine Rolle mehr zu spielen. Für die Verantwortlichen in den Backkonzernen gelten Brötchen, die mehr als zwanzig Minuten auf den Verkauf warten, schon als Ware, die zu alt ist zum Verkauf. Das Diktat der Frische wird also erzielt mit halbfertiger Ware, die möglichst billig hergestellt oder zugekauft wird. Trotzdem kosten Brötchen, Brot und andere Handelsware in den vielen Filialbetrieben des Bäckereigewerbes relativ viel Geld. Denn die vermeintliche Frische verschlingt Unmengen an Energie: Neben dem Transport hinterlassen die typischen Bäckereiketten mit ihrem Mix aus fertig gelieferter und im Laden aufgebackener Ware einen gigantischen Müllberg. Unter der Hand wird locker zwischen 20 und

25 Prozent remittiertes Gebäck genannt. Ein Wiener Großbäcker redet offen von zehn Prozent, und das ergibt hochgerechnet, dass in der österreichischen Hauptstadt Wien, der größten Stadt des Landes, jeden Tag so viel Brot weggeworfen wird, wie in der zweitgrößten Stadt Österreichs Graz täglich gegessen wird. Ein Teil des Brotmülls nur wird an die Schweine verfüttert, der größte Teil kommt auf die Müllkippen oder landet in den Müllverbrennungsanlagen.

Die großen Backkonzerne nehmen ihre Ware übrigens von den belieferten Supermärkten und Discountern zurück, da fährt der LKW also gleich zwei Touren mit Ware, eine mit neuer und eine mit alter. Dieses Brot, aber auch Kuchen und anderes Gebäck, ist nach gesetzlicher Definition Müll, die Backfirma darf die nicht gekaufte Ware in gar keinem Fall wieder in den Produktionsrhythmus bringen. So etwas ist nur dem Einzelbäcker gestattet, dessen Brot das Haus gar nicht erst verlassen hat. Und das nur bei bestimmten Broten mit sehr hohem Roggenanteil, und auch nur bis zu zehn Prozent Altanteil.

Vorbei die Zeiten, als die Bäckereien mit Ratten und Kakerlaken zu kämpfen hatten und Gerüchte kursierten, bei diesem oder jenem Bäcker habe die Tante von einem Freund einen Mäuseschwanz aus dem Brot gezogen. Die Inhaltsstoffe der Brote heute sind in dieser Hinsicht keimfrei, aber die gesundheitlichen Gefahren, die von den neuen Lebensmitteln ausgehen, sind eventuell weitaus dramatischer.

Milch
Kuhdoping, Konzernmacht & Superbakterien

Milch ist gut. Sie ernährt kleine Kinder und süße Tierbabys. Sie ist ein Kulturgut von einzigartigem Rang, und beileibe nicht nur die Milch von der Kuh. Auch Esel, Schaf und Ziege werden gern gemolken. Milch findet den Weg in zahllose Gerichte und Nahrungsmittel und ist so in vielen Gesellschaften der Welt präsent. Aber auch die Dinge, die aus der Milch direkt gewonnen werden, sind vielfältig. Allein die Käsesorten in Europa addieren sich auf viele Tausend.

Ein Spaziergang durch die bergige Provinz, sagen wir Bayern, irgendwo im Südosten des deutschen Bundeslandes. Weit entfernt von allem großstädtischen Getöse sind die Wiesen fett und die Kühe froh. Im nächsten Dorf steht der Kirchturm wie zum Gruß. Von Ferne hört man einen Trecker knattern. Der Bauer geht morgens in den Stall, um sein Vieh zu melken und die Milch seinen Kindern zum Frühstück zu servieren. Was er für die Familie nicht verbraucht, das holt eine Stunde später der Kleinlaster der regionalen Kooperative ab, um es in die nächste Molkerei zu bringen, die direkt hinter der Kirche zu finden ist. Denn dann haben alle was davon, Milch ist nämlich gesund, und gesund ist auch alles, was man daraus machen kann, wie Joghurt, Käse und deren nahe Verwandte.

Es gibt diese kleinen Betriebe noch, aber sie sind die Ausnahme. Je schwieriger die regionalen Bedingungen, je steiler die Berge und dezentraler die Organisation, desto näher an der Realität ist das geschilderte Bild. In Österreich haben die Bauern nach dem Zweiten Weltkrieg einen Pakt geschlossen, um die traditionelle Agrarproduktion, also die Bestellung von Feldern und die Viehzucht, aufzuteilen. Die Flachländer im Osten übernahmen die Gemüse- und Obstwirtschaft, und die Kollegen mit den steileren Hängen kümmerten sich fortan um die Kühe mit ihrer Milch. Auch in der Schweiz gibt es noch zahlreiche Almen mit kletternden Kühen, die sich vorwiegend von dem Gras ernähren, auf dem sie ihren Tag verbringen. Für den Schweizer Appenzeller ist diese Art der Ernährung eine Grundbedingung, andere Milch kommt in den Käse erst gar nicht hinein.

Milch ist ein Tabu. Denn Milch ist die Ernährung unserer Kinder. Und für die wollen wir natürlich nur das Beste. In die Milch kommt ja auch nichts hinein, sie ist immer pur, und sie ist aus sich heraus gut. Die Benutzung des Begriffes Milch allein adelt ein beworbenes Produkt, das damit in Zusammenhang gebracht wird. Die blecherne Kanne, aus der die weiße Flüssigkeit irgendeinem Produktionsprozess zugeführt wird, ist ein gängiges Klischee der Werbewirtschaft. Die zahllosen Produkte der Firma Ferrero, die unter dem »Kinder«-Label angeboten werden, mit der »Extra-Portion Milch«, sind da nur die am nächsten liegenden Beispiele.

Matthias Wolfschmidt von der Verbraucherorganisation foodwatch schreibt 2004 in der Zeitung *Das Parlament*: »Die angebliche ›Extraportion Milch‹ in so genannten Kindermilchriegeln besteht aus Milchpulver, Butterreinfett und Zusatzstoffen wie Emulgatoren, Aromen, bedenklichen Farbstoffen und Konservierungsmitteln. Der Zuckergehalt wird auf dem Etikett geschickt hinter der Bezeichnung, ›Kohlehydrate‹ versteckt. Ein neunjähriges Kind müsste, um seinen Tagesbedarf an Kalzium zu decken, siebzehn Milchschnitten essen - und würde damit gleichzeitig vierzig Stück Würfelzucker und ein halbes Paket Butter zu sich nehmen!«

Vergleichsweise verschont geblieben ist die Milch von den üblichen Lebensmittelskandalen. In den siebziger Jahren war auf dem Weg über den Acker mal das heute verbotene Pestizid Lindan in rheinland-pfälzische Milch gelangt, später dann wurden bei Düsseldorf Rattengift und das höchstgefährliche Thallium in Milchbeständen gefunden. Dass bei der Herstellung von Wurst nicht immer alles mit rechten Dingen zugeht, kann man schon am Preis erkennen. Und dass der Gran Reserva-Rotwein aus Spanien nicht zwei Jahre exklusiv im Fass verbracht hat, lässt sich auf dem gleichen Weg begreifen. Die 3,49 Euro, die bis November 2005 beim Discounter Penny-Markt des Lebensmittelkonzerns Rewe für einen mit Glycerin veredelten Wein aus dem Jahr 1998 zu zahlen waren, hätten die Kosten, die bei einer tatsächlichen zweijährigen Fasslagerung anfallen, bei weitem nicht gedeckt. Bei der Milch liegt freilich eine ähnliche Frage nahe: Decken die 55 Cent, die man in vielen Supermärkten für den Liter

Frisch- wie H-Milch bezahlt, den Aufwand, der bei der Produktion anfällt? Plus jenen, der für Transport, Verarbeitung und Verkauf noch hinzukommt?

Auch wer aufgrund wachsender Bedenken den Konsum von Fleisch- und Wurstwaren gedrosselt oder gestoppt hat, kauft in aller Regel weiterhin bedenkenlos Butter, Quark und Käse ein. Dabei ist Milch genauso in den industriellen Produktionsprozess eingebunden wie das Fleisch, das Gemüse und das Obst. Und wer sich die Bedingungen vor Augen führt, unter denen die Tomaten entstehen, die im Supermarkt liegen, wer weiß, wie die Tierhaltung für die Produktion von Fleisch und Eiern organisiert ist, kann davon ausgehen, dass die Produktion von Milch unter ähnlichen Vorzeichen stattfindet. Tatsächlich sind die Milchkühe in den allermeisten Fällen längst nicht mehr glücklich, sondern stehen im Stall wie die Hühner, von denen erwartet wird, dass sie täglich ein Ei legen. Die glückliche Kuh aus der Frühgeschichte der Landwirtschaft hat in ihrem Leben 5.000 Liter Milch gegeben, bevor sie vom Bauern geschlachtet und verwurstet wurde. Heute schafft ein Tier schon bis zu 15.000 Liter. Die ökologischen Verheerungen allein, die die Millionen von Rindern in Deutschland anrichten, sind eben nicht nur der Fleischproduktion geschuldet.

Interessant sind die Anstrengungen des US-Konzerns Monsanto, Öffentlichkeit zu verhindern über die Wirkungen eines von ihm entwickelten Rinderhormons. Das auf gentechnischer Basis hergestellte Präparat rBST ist in den USA seit 1993 im Einsatz. In der EU wurde in den neunziger Jahren über rBST diskutiert, bevor es im Jahr 2000 für den Einsatz in der Milchwirtschaft verboten wurde. In landwirtschaftlichen Diskussionsforen im Internet wird allerdings frei darüber geschrieben, dass das Mittel auch hier im Einsatz ist. rBST steigert nämlich den Milchertrag von Kühen.

Die Journalisten Steve Wilson und Jane Akre arbeiteten Ende der neunziger Jahre im Auftrag von Fox TV an einem Beitrag für die Enthüllungsreihe »The Investigators«. Anlass war die Vermutung, dass in Florida ein Großteil der produzierten Milch mit Wachstumshormonen belastet war. Sie stießen auf das Produkt »Posilac«, das von der Firma Monsanto aus St. Louis hergestellt wird und rBST enthält. Das

Produkt wurde mit einer großen Kampagne auf den Markt geworfen und von Monsanto in einem Werbespot als meistgetestetes Produkt der Geschichte dargestellt. Der Schauspieler, der in dem Spot einen Bauern spielt, überzeugt seine echten Kollegen mit dem Satz: »Auch Sie können damit Ihr Gewinnpotenzial erhöhen.«

Wenn der Bauer für das Kuh-Medikament bezahlen muss und trotzdem mehr Gewinn machen soll, dann muss die so gedopte Kuh natürlich mehr leisten, sonst rechnet sich die Sache nicht. Für dieses Leistungsdoping zahlten die Tiere allerdings einen hohen Preis: Die Euter entzündeten sich, wurden eitrig und verkeimten die Milch. So hat in den neunziger Jahren wahrscheinlich ein großer Teil zweifach belasteter Milch die US-Bauernhöfe verlassen, Milch, die sowohl mit Keimen als auch mit Wachstumshormonen versetzt war.

Jane Akre fand heraus, dass Monsanto lediglich dreißig Ratten auf Posilac getestet hatte. Der Testbericht sei also, so ihre Schlussfolgerung, entweder gefälscht worden oder die verantwortliche Behörde FDA hätte sich einfach nicht die Mühe gemacht, den Bericht zu lesen. Genauer hingesehen hat dann später die kanadische Gesundheitsbehörde, die Monsanto nicht nur vorwarf, mit einem gesundheitsschädigenden Mittel auf den Markt zu gehen, sondern sich auch über bewusst gefälschte Testberichte beschwerte. Wilson und Akre hatten ihre rBST-Geschichte eine Woche vor dem Sendetermin fertig, drei Tage vorher allerdings forderte Monsanto Fox TV auf, den Beitrag zu verschieben. Nur wenige Tage später drohte der Konzern damit, die 22 TV-Stationen von Rupert Murdoch, zu denen Fox gehörte, Konsequenzen spüren zu lassen. Das hieß zwischen den Zeilen, die Werbung für die Produkte Roundup, Aspartam und Nutrasweet zu stoppen. Von da an versuchte Fox, die Reporter zum Schweigen zu bringen. Man bot ihnen viel Geld an, wenn sie sich verpflichteten, die Monsanto-Geschichte geheim zu halten, worauf Wilson zum Schein einging, nur um den Deal platzen zu lassen, als er die entsprechenden Verträge vorliegen hatte. Von diesem Zeitpunkt an beschäftigte Fox TV Wilson und Akre weiter und wieder mit der Arbeit an dem Beitrag, monatelang und natürlich nur zum Schein. Als sich die beiden Journalisten nach vielen Versuchen der Geschäftsleitung immer noch weigerten, den Beitrag seiner brisanten Inhalte zu berauben, wurden sie schließlich gefeuert.

Nestlé verarbeitet etwa zehn Milliarden Liter Milch pro Jahr, davon 2,8 Milliarden Liter in der EU. Innerhalb der EU profitiert Nestlé zweimal von Subventionen. Zuerst wird die Milch für den Preis von 27 Cent pro Liter angekauft. Dann greift die nächste Maßnahme: Die EU zahlt im Jahr mehr als eine Milliarde Euro Subventionen für den Export von Milchprodukten. Aus nahe liegenden Gründen fließen diese Gelder nur in den seltensten Fällen, um Erdbeerjoghurt und Magermilchquark in die Welt zu verkaufen. Das haltbarste Produkt, das sich aus Milch herstellen lässt, ist Milchpulver. Nestlé soll mehr als die Hälfte des Welthandels mit Milchpulver kontrollieren. Und Milch wird so ein weiterer Lebensmittelrohstoff, der von Europa aus die Märkte in den südlichen Ländern zerstört.

1992 wurden in Jamaika sowohl die Zölle für Milchpulver als auch die Subventionen für die Milchbauern abgeschafft. Beide Maßnahmen waren Bedingungen für einen Weltbankkredit, um den sich der Karibikstaat bemüht hatte. Seitdem hat Nestlé den Ankauf von Milch jamaikanischer Bauern stark heruntergefahren, viele Milchwaren werden auf der Insel nun mit Milchpulver aus der EU hergestellt.

Nestlé kontrolliert weltweit etwa vierzig Prozent des Marktes für Babynahrung. In Europa ist die Tochterfirma Alete am Markt, für die ärmeren Ländern gibt es andere Markennamen. Die Bewegung gegen das Vermarkten von Produkten, die Mütter vom Stillen abhält, war vor dem Zweiten Weltkrieg eine bürgerliche Sache. Frauen der US-Oberschicht agitierten gegen die beteiligten Firmen, unter denen auch damals schon Nestlé zu finden war. Weltweit bekannt geworden ist die Kampagne allerdings erst durch den Schweizer Boykottaufruf, dem sich nach 1977 viele Gruppen und Verbände anschlossen. Er richtete sich gezielt gegen Nestlé und die Praxis, den Konsum von Milchpulver in Afrika und Asien aggressiv zu bewerben und Ärzte dafür zu bezahlen, Patientinnen vom Stillen abzubringen. Oft bekamen Frauen die erste Packung gratis in die Hand gedrückt. Abgesehen davon, dass es auch in Ländern, in denen die Versorgung mit sauberem Trinkwasser gewährleistet ist, groben Unfug darstellt, auf

Flaschenfütterung umzustellen, bedeutet dies in den Ländern des Südens noch etwas ganz anderes. Der Mangel an sauberem Wasser führt dazu, dass das Pulver in verschmutztem Wasser aufgelöst werden muss und die Kleinkinder krank werden und dann häufig an Durchfallkrankheiten sterben. Dass es sich für Nestlé um ein ernsthaftes Geschäft handelt, ist unstrittig. Erstens ist die Ware hoch subventioniert, und zweitens braucht die Mutter mit ihrem Baby an jedem Tag das Milchpulver mehrere Male, wenn sie sich erst einmal darauf eingelassen hat.

In heimischen Supermarkt-Kühlregalen wird auch mit harten Bandagen um Marktanteile gekämpft. Die großen Milchverarbeiter basteln ständig an der Erweiterung ihrer Produktpaletten, um mehr Regalzentimeter gegenüber der Konkurrenz gutzumachen. Doch was lässt sich im Mopro-Sortiment, wie die Warenmeter mit den Molkereiprodukten im Branchenjargon genannt werden, schon verändern und entwickeln? Milch bleibt doch immer Milch, und Käse bleibt Käse, gleich ob man hier etwas Frucht oder dort ein Modekraut wie Bärlauch zugibt. Der Schritt in eine neue Richtung war für die europäischen Marktführer Danone und Nestlé der Joghurt, der die Verdauung fördern soll. Nun regt Joghurt sowieso schon die Aktivitäten des menschlichen Darms an. Aber so lässt sich das Produkt heute nicht mehr kommunizieren, wie die Werbeabteilungen das nennen.

Danone hat für seinen Joghurt »Activia« zwei aussagekräftige Werbespots schalten lassen. Im ersten quält sich eine junge Frau in ein Zimmer, in dem sich eine zweite junge Frau auf einem Sofa räkelt. Die erste hält sich den dünnen Bauch und tut so, als sei er dick. Sie hat Verdauungsprobleme. Die zweite hat eine Erklärung: »Überleg mal, wie wir essen!«, worauf im Stakkato Pizza, Pommes frites und Currywurst in den Spot geschnitten werden. Dann hat sie den Rat: »Aktivia«. Der zweite Spot von Danone kommt in jenen Internetforen, in denen über Werbefilme diskutiert wird, meist schlecht weg. Da heißt es oft, er sei mit verwackelter Kamera gemacht und schlecht synchronisiert. Zu sehen sind knappe Äußerungen einiger Frauen zwischen dreißig und vierzig Jahren. Sie unterhalten sich über »Aktivia« und darüber, wie er schmeckt (»gut«) und wie er wirkt (»hilft bei der Verdauung«, »macht einen flacheren Bauch«). Der Spot ist auf Französisch gedreht und so synchronisiert worden wie ein schnell gemachter Nachrichtenbeitrag. Auch die Kameraarbeit soll auf schnell gemacht verweisen, im Unterschied zum sorgfältig inszenierten zuerst genannten Film.

Die Botschaft beider Spots ist einfach. Du musst Dir keine Gedanken über Dein Essen machen. »Aktivia« hilft Dir. Danach! Was früher der Verdauungsschnaps war, ist heute der mit Superbakterien angereicherte Joghurt. Das Problem bei den angereicherten Joghurts ist, dass prinzipiell genügend Kräfte in Magen und Darm an der Aufgabe arbeiten, die der Joghurt unterstützen soll. Es gibt noch keine langfristigen Studien darüber, was so eine Ware im Bauch tatsächlich anrichtet. Wenn den körpereigenen Bakterien auf diese Art der Job genommen wird, vielleicht steht dann zu befürchten, dass sie sich aufs Altenteil zurückziehen. Und dann hätte der Körper ein echtes Problem.

Es gibt auch andere Anzeichen dafür, dass die probiotischen Joghurts sehr wirksam sind, aber nicht immer in der Form, die in der Werbung angepriesen wird. Schon im Jahr 2000 verbannte die Leitung des Wiener Hanusch-Krankenhauses alle Joghurts dieses Stils aus Küchen und Krankenzimmern: In einem Rundschreiben des Hauses hieß es damals: »Neueste Studien belegen, dass probiotische Joghurts bei Patienten mit geschwächten Immunsystemen zu Meningitis, Sepsis, Pneumonie und Endokarditis führen können ...« Die Studien berichten über Hirnhautentzündung, Blutvergiftung und eine Entzündung der Herzinnenwand. Immerhin stellten die Studien nicht fest, dass diese Joghurts gesunden Menschen schaden. Nützen tun sie ihnen halt auch nicht. Dafür kostet der probiotische Joghurt doppelt so viel Geld wie ein normaler. Ein gutes Geschäft.

Kapitel IV

Fleisch
Güllebörsen, Schlachtabfälle & Emissionen

Der Mann öffnet die silberne Tür, die mehr als zwei Meter hoch ist und über einen Meter breit. Er zieht ein rollendes Regal aus dem riesigen Wandschrank, auf dem in zehn Etagen ein wildes Gewimmel herrscht. Alles ist in Bewegung, und die Bewegung ist gelb. Jeweils vier Kisten teilen sich eine Etage im Rollregal, und in jeder Kiste wiederum teilen sich einhundert Küken den schmalen Platz. Der Mann, der einen grauen Kittel trägt, zeigt den kleinen Tieren zum ersten Mal etwas anderes als komplette Dunkelheit. Denn sie haben in dem Schrank das Dunkel der Welt erblickt. Sie sind 4.000 auf dem Regal. Der Schrank ist ein Brutschrank. Und der Mann im grauen Kittel hat die Küken zwei Tage zuvor als Eier dort hineingestellt. Im Schrank haben die Küken ihr Programm abgerufen, die Schale ihres Kalkmantels zerpickt und sich von dem Rest des Dotters ernährt. Nun sehen sie flauschig und süß aus, wie alle Küken, die noch keine dreißig Stunden leben. Ob sie nach dem Schlüpfen nach Mama suchen, ist bislang nicht erforscht. Fortan werden sie nur noch unter Altersgenossen leben.

Der Mann im grauen Kittel fährt das Regal in die nächste Abteilung im gleichen Haus. Dort werden sie von flinken Händen aus den Kisten geholt und auf kleine Laufbänder gesetzt. Das Haus ist eine Produktionsstätte für Küken. In dem Gang, in dem der Mann mit dem grauen Kittel die Schranktür geöffnet hat, gibt es noch viele weitere solcher Schranktüren.

Hannes Schulz: »Wir sind hier bei einem Mastelterntierbetrieb. Das sind eigene Hybridlinien, die für eine gute Mastleistung gezüchtet sind. In dem Stall sind circa 4.000 Tiere, also das heißt 4.000 Hennen und ca. 400 Hähne, also ein Geschlechtsverhältnis von 1:10. Und es gibt an sich nur mehr weltweit drei Zuchtkonzerne, die Masthaltungstiere weltweit vertreiben. Die Befruchtung der Eier erfolgt an sich durch den Hahn natürlich, und die Henne hat einen Duldungsreflex, dass sie dann, wenn der Hahn sie besteigt, einfach sitzen bleibt. Hoffentlich erwischen wir eine, wo man das sehen kann.«

Die Produktion von Hühnerfleisch wird in drei verschiedenen Schritten an drei verschiedenen Orten durchgeführt. In einer großen Halle leben mehrere Hundert Hühner überdacht. Ihnen zugeteilt sind Hähne im Verhältnis einhundert zu eins. Die Reflexe von Hahn und Henne, Bespringen und Stillhalten, hätte sich die Industrie gar nicht besser ausdenken können, sekundenschnell ist der Vorgang vorüber. Die Hühner sind gut genährt und nicht ausgezehrt und auch nicht federfrei vor schierer Überanstrengung wie die meisten ihrer Eier legenden Schwestern und Cousinen. Schließlich wird von ihnen auch nicht jeden Tag ein Ei erwartet. Ihr Legerhythmus ist etwas lockerer, denn sie liefern nicht die Ware für den Endverbraucher, sondern einen Rohstoff, der erst noch für ihn aufbereitet werden muss. Die Eier werden dann in jene Kisten gepackt, die im Brutschrank die Küken auf die richtige Temperatur zum Schlüpfen bringen. Sind die Küken schließlich in sauberen Kisten neu sortiert für die Distribution, endet der erste Produktionsschritt.

Hannes Schulz: »Wir sind hier in der Brüterei Schulz, das ist in der Steiermark, in Laßnitzhöhe. Und wir bebrüten hier Eier und brüten circa so 400.000 Küken, lebend, Mastküken für die Mäster aus. Jetzt sind wir im Vorbrutbereich, und die Eier werden jetzt zur Einlage vorbereitet, wo sie jetzt langsam auf Raumtemperatur aufgeheizt werden. Und die Eier sind alle gekennzeichnet, wegen der Rückverfolgbarkeit, und jedes Ei ist gestempelt mit einer Betriebsnummer, dass man jederzeit weiß, woher das Ei stammt. Das sind alles Vorbrüter. In einem Vorbrüter sind 57.600 Eier drinnen, in der so genannten Kunstbrut braucht man eigentlich nur die Temperatur noch, und es wird ca. mit 37 Grad gebrütet, und alle Stunde werden die Eier gewendet, dass der Dotter nicht an der Eierhaut stecken bleibt. Der Dotter ist fürs Küken die Nahrung nach der Geburt.«

Der Hühnerzüchter ist der Empfänger der gelben Ware. In der modernen Arbeitsteilung kümmert sich der Züchter nur noch um die Aufzucht der schon geborenen Ware. Er lädt die Küken in einer ähnlichen Halle ab, wie jene, in der die Hühnermütter die Eier legen, aus denen sie geschlüpft sind. Die Halle ist etwas dunkler, denn seine Tiere müssen nicht viel sehen. Sie müssen nur wachsen. Damit das schnell gelingt, gibt es gestreutes Futter auf dem Boden und Flüssigkeit, die aus kleinen Röhrchen gesaugt werden kann. Sie sind an Leitungen angeschlossen, die längs durch die ganze Halle verlaufen. Das Leben eines Hähnchens beim Hühnerzüchter dauert sechs Wochen, dann wartet eine neue Generation Küken darauf, hier Einlass zu erhalten. Für die Alteingesessenen bedeutet das eine zweite, eine letzte Reise.

Hannes Schulz erzählt: »Der Einkäufer und der Konsument hat keine Ahnung mehr, wie was funktioniert, und wie was gemacht wird. Und wir arbeiten mit lebender Ware, die mal schlupfen müssen, die dann aufgezogen werden müssen und mal geschlachtet werden müssen. In diesem Produktionszyklus von insgesamt acht Wochen kann einfach immer wieder was passieren, und es gibt kein Verständnis mehr dafür. Weltfremder werden die Leute, und brutaler und härter. Warum das so ist? Weil es keine Leute mehr gibt, die sich von unten nach oben gearbeitet haben. Nichts gegen Universitätsabgänger, aber das sind Leute, die sind in die Schule gegangen, haben studiert und kommen raus aus der Uni, das ist der Herr Magister so und der Herr Doktor so, und die haben eigentlich mit der Basis überhaupt keine Beziehung und sehen eigentlich die Landwirtschaft so wie die meisten, wie es halt in der Werbung und von früher vorgegaukelt wird. Und eigentlich ohne Realitätsbezug. An sich interessiert den Handel der Preis, der Geschmack, eigentlich, ist kein Kriterium.«

Es ist immer Nacht, wenn die Tiere abgeholt werden. Sie lassen sich bei Dunkelheit leichter fangen als bei Tageslicht, weil sie in der Nacht gewohnt sind, so wie wir zu schlafen. In der Schlachterei werden die Hähnchen bei blauem Licht in Kisten gelagert, die größer sind als die, in denen sie geschlüpft sind. Schließlich sind sie in den letzten Wochen ziemlich gewachsen. Das blaue Licht wird von ihnen nicht wahrgenommen, sie wähnen sich also in kompletter Dunkelheit, wenn sie die Kisten zum letzten Mal verlassen und erneut auf ein Fließband geschüttet werden. Arbeiter und Arbeiterinnen in weißen Kitteln packen sie und hängen sie an den Füßen nach oben in Haken ein, die auf einem Fördersystem laufen, das von hier bis zur Cellophanierung der Schlegel und Hähnchenbrüste reicht. Mit dem Kopf nach unten werden sie durch ein unter Strom gesetztes Wasserbad geschleust, das sie betäubt. So spüren sie das automatische Messer nicht, das ihnen anschließend die Kehle durchtrennt. Sollte der Trick bei dem einen oder anderen Huhn nicht geklappt haben ... hinter dem automatischen Messer wartet ein Mann in einem weißen Kittel, der ein sehr scharfes Messer führt und jene Köpfe abtrennt, die die Maschine nicht erwischt hat. Dann beginnen die Vorgänge der Reinigung und des Zerteilens. Das geschieht alles vollautomatisch, der Faktor Arbeit existiert hier nur noch in der Überwachung der Anlage, die von einigen wenigen Menschen geleistet wird. Und am Ende kommt die Hühnerbrust supermarktfertig verpackt aus der Anlage. Der Hühnerzüchter erhält für ein lebend abgeliefertes Huhn nur sehr wenig Geld. Wenn es im Winter besonders kalt wird und er die Heizung hochdrehen muss, geht sein Verdienst gegen null.

»In Europa und vor allem Deutschland werden Fleisch und Wurst immer preiswerter. Musste ein Arbeitnehmer 1970 noch über 11,5 Stunden für ein Kilogramm Schweinekotelett arbeiten, hat er sich dies heute nach weniger als dreißig Minuten verdient. Und dies ist nicht eine Folge deutlich höherer Stundenlöhne, sondern zunehmender Niedrigpreise für Fleischerzeugnisse. Die Kehrseite der Medaille müssen die Bauern tragen mit niedrigen Erlösen aus ihrer Tierhaltung. Ein überharter Preiskampf im Einzelhandel sorgt zudem dafür, dass diese Produkte immer wieder zum Schnäppchen- oder Dauerniedrigpreis angeboten werden.« Diese Beschreibung von Fleischproduktion und dem Preis, den sie hat, steht zu lesen auf der deutschsprachigen Website journalismus.com unter der Headline »Fleisch wird immer günstiger«. Zusammengestellt wurde das »Themenspecial« vom Vermarktungsverband der deutschen Landwirtschaft CMA. Die CMA ist ein Interessenverband, der in Zeitungen und im TV auffallend viel Werbung schaltet, um die Bevölkerung von der Qualität deutscher Agrarprodukte zu überzeugen. Journalismus.com ist ein Portal, das den Schreibenden industriefreundliche Themen wie Firmenjubiläen und Produktpräsentationen zur wenig arbeitsintensiven Übernahme anbietet. Die Interessenvertretung gibt sich hier sehr problembewusst und thematisiert das erstaunlichste Phänomen der weltweiten Fleischproduktion. Den Preis!

Einige Zahlen zum Vergleich: Ein Brötchen kostete in der zweiten Hälfte der sechziger Jahre in Deutschland sieben oder acht Pfennige. Heute ist es in der billigsten Version für dreizehn bis fünfzehn Cent zu haben, kann aber auch mit 26 oder 27 Cent zu Buche schlagen. Also bezahlt man heute zwischen vier- und achtmal so viel wie vor knapp vierzig Jahren. Ein Kilo Weißkohl war damals oft für neun Pfennig im Angebot, mehr als neunzehn Pfennig kostete er selten. Heute muss man für Weißkohl zumeist zwischen 49 und 89 Cent auf den Tisch lagen – das sind Preissteigerungen zwischen 400 und 1700 Prozent. Schweinefleisch der konventionellen Art, das Label Bio war damals noch nicht erfunden, kostete zwischen fünf Mark für das Kotelett und zehn Mark für das Filet. Heute ist es oft billiger: Discounter bieten das Kilo Kotelett oder Schnitzel vom Schwein oft für knapp mehr als zwei Euro an, das Filet kostet zwischen fünf und sieben Euro. Alle Lohnrunden, alle Preissteigerungen, alle Anpassungen sind am Schweinefleisch vorbeigegangen. Seit den sechziger Jahren ist Tierfutter teurer geworden; der Grund und Boden, auf dem Ställe errichtet werden, ebenso; auch das Benzin, das verbrennt, wenn die Tiere ihre letzte Reise erleben; die Löhne von Schlachtern und auch von Angestellten im Einzelhandel sind mittlerweile viel höher, selbst in den Discountern verdienen die Leute heute weitaus mehr pro Stunde, als es vor vierzig Jahren üblich war; nur der Preis vom Schweinefleisch hat sich nicht mitentwickelt. Im Gegenteil: Nimmt man all die erwähnten Beispiele zum Maßstab, dann ist der Preis von Schweinefleisch gesunken wie kein anderer – nicht im Bereich der Nahrungsmittel, nicht bei den Dienstleistungen, auch nicht bei industriell gefertigten Waren. Bei einer ähnlichen Preisentwicklung würden Neuwagen heute weniger als 500 Euro kosten.

Die Kehrseite des Preises: Wie keine andere Sparte der Nahrungsmittelproduktion ist die Herstellung von Fleisch und Wurst im kollektiven Bewusstsein mit Skandalen verbunden. In Supermarktketten werden Haltbarkeitsetiketten von Fleischpackungen entfernt und mit neuen versehen, um zu vertuschen, dass die Ware längst auf den Müll gehört. Faules Fleisch wird an Spezialisten verkauft, die es schönen und danach an Meistbietende verhökern. Wild ist vielleicht vom wilden Tier, aber das hat wahrscheinlich eher Krallen statt Hufe gehabt, eine Tatsache, die die Veterinäre, die den europagrößten Erzeuger von Wildfleisch kontrollierten, gewusst zu haben scheinen. Obwohl längst verboten, erscheint es wahrscheinlich, dass Tiermehl als Futtermittel weiter im Einsatz ist. Die kleinen medialen Stürme, die derlei unerlaubtes Tun auslöst, dauern zumeist nur Tage, und in der Hierarchie der vermeintlichen Top-Nachrichten werden sie schnell nach unten durchgereicht.

Was in den Nachrichtensendungen im TV und auf den Kommentarseiten der Tageszeitungen nicht vorkommt, ist der Alltag. Und der ist viel bemerkenswerter, selbst wenn man es gewohnt ist, in Skandalen zu denken. Wo erfährt man, was mit dem Schlachtabfall geschieht? Welcher Kommentar beschäftigt sich damit, dass Tiere, die für den Verzehr durch den Menschen aufgezogen werden, fast immer mit gentechnisch veränderten Futtermitteln in Berührung kommen? Wurde jemals eine wichtige Nachrichtensendung damit aufgemacht, dass die Viehwirtschaft in Deutschland und ebenso in anderen Ländern der EU viele Böden längst ruiniert hat und immer noch für das Verschwinden zahlreicher Tierarten verantwortlich ist? Und wer regt sich darüber auf, dass in Brasilien Futtermittel für unser Vieh erzeugt wird, während hierzulande Weizen und Mais für Fernwärme verbrannt werden und in Brasilien Menschen verhungern? Aber damit nicht genug: Die zu Marktpreisen nicht verkäuflichen Mengen an subventioniertem EU-Fleisch werden nach Westafrika verkauft und ruinieren dort ganze Teile der Volkswirtschaften – auch das ist kein Thema in Europa.

Die Niederlande haben ein echtes Problem. Sie haben das ganze Land schon überdüngt und produzieren trotzdem Jahr für Jahr extrem hohe Mengen an Gülle. In dieser Dekade sind die Bestände an Schweinen schon um 25 Prozent reduziert worden, allein um die schiere Masse an Mist in den Griff zu kriegen. Vor Jahren startete in den Niederlanden ein interessantes Experiment: Gülle wurde im Rotterdamer Hafen in überseetaugliche Schiffe gefüllt und für den

Export vorbereitet. Die »Rückstände« aus der einheimischen Viehmast sollte den Weg finden auf Felder von Ländern, denen es an Wachstumshilfen für ihre Agrarprodukte mangelte. Doch die Sache wurde schnell zu kostspielig und deshalb wieder eingestellt. Jetzt laufen dort Vorbereitungen für eine andere Art des Gülleexports. Schweine- und Hühnerkacke wird in Pellets gepresst und dann als hochwertiger Dünger verkauft – so der Plan jedenfalls. Die dem Mist entzogene Flüssigkeit muss dann immer noch entsorgt werden.

Aber Holland ist überall, zum Beispiel in Vechta. Das ist der Name einer Kleinstadt in Niedersachsen, die sich selbst vor allem wegen der Effizienz ihrer Stadtverwaltung rühmt, die mit so wenig Personal auskomme wie keine vergleichbar große Gemeinde. Vechta hat knapp 30.000 Einwohner, und die allermeisten Menschen, die in Deutschland wohnen, müssen erst einmal nachdenken, wenn sie gefragt werden, wo der Ort liegt oder wie man dorthin kommt. Im städtischen Museum kann man am eigenen Leib erfahren, wie es gewesen sein mag, im 17. Jahrhundert im lokalen Gefängnis eingesperrt gewesen zu sein, und von der eigenen Homepage der Stadt kann man sich weiterklicken zu den Websites einiger ansässiger Betriebe.

Da ist zum Beispiel die Firma Big Dutchman ganz oben gelistet. »Seit 1938 konzipiert und realisiert Big Dutchman Fütterungsanlagen und Stalleinrichtungen für die moderne Haltung von Schweinen und Geflügel.« Die traditionsreiche Company, Marktführer in Europa, stellt Anlagen her, in denen möglichst viele Tiere auf möglichst wenig Raum untergebracht werden können. Einige ihrer Vorzeigeanlagen stellen sie auch kurz auf ihrer Site vor. »Die Farm Padrino Vilela S.A. in Madrid, Spanien, gehört ohne Zweifel zu einem der größten Legebetriebe in Europa. Mit einer Fläche von 2.676 Quadratmetern bietet der Stall Platz für 190.000 Tiere, das entspricht 72 Tieren pro Quadratmeter und stellt damit einen Rekord dar ...« Big Dutchman arbeitet intensiv zusammen mit der Firma Deutsche Frühstücksei GmbH, der europaweit größten Company in Sachen Eierproduktion. Beide Firmen sind auch führend in der Planung neuer riesiger Anlagen in Osteuropa.

Big Dutchman ist nicht ganz typisch für die Mehrzahl der Betriebe in Vechta, aber weist schon in die richtige Richtung. Das Städtchen zwischen Münster und Oldenburg ist nämlich weltbekannt. Nicht gerade beim breiten Publikum, aber in kleinen wissenschaftlichen Kreisen ist es ein sehr beliebtes Studienobjekt. Im gleichnamigen Landkreis nämlich leben etwa 120.000 Menschen – zusammen mit einer Million Rindern, Schweinen und Schafen. Das ist ein weltweit einzigartiges Verhältnis und führt zu Problemen, die ebenfalls einzigartig sind. Wer die Menge an Mist zusammenrechnet, die die Vierbeiner, in der Mehrzahl Rinder, produzieren, dazu den ebenfalls bedeutenden Berg an Ausscheidungen rechnet, den die dreizehn Millionen ebenfalls hier untergebrachten Hühner von sich geben, kommt auf eine gigantische Menge an zu entsorgendem Material. Der Ökologe Josef H. Reichholf errechnet in seinem Buch *Der Tanz ums goldene Kalb – Der Ökokolonialismus Europas* dieselbe Menge wie die der deutschen Hauptstadt Berlin.

Jede Stadt in Deutschland, und das gilt genauso für viele andere Länder, muss ein an die Einwohnerzahl angepasstes Abwasserkonzept erarbeiten. Hier gilt natürlich: je größer, desto komplizierter. So hat Berlin die Kapazitäten, um Abwasser für seine etwa vier Millionen Menschen entsorgen und aufbereiten zu können. Vechta allerdings geht von einer Abwassermenge aus, die sich auf 30.000 Menschen in der Stadt und noch einmal 90.000 im riesigen Landkreis bezieht. Tatsächlich aber dürfte die Menge vierzig-, wenn nicht sogar fünfzigmal höher sein. Das einzige Konzept allerdings, das Vechta zur Entsorgung des vielen Mists kennt, ist die Düngung des Bodens. Ableitung und Klärung kommen in der Entsorgung nicht vor. Denn für so genannte Nutztiere ist keine Stadt und kein Kreis gehalten, etwas Entsprechendes vorzulegen. Deshalb wird Vechta in der Literatur gern – und das sehr oft noch vor den Niederlanden – als Problembezirk beschrieben.

»Gegenwärtig leben 15,7 Millionen Rinder, 23,7 Millionen Schweine, 2,5 Millionen Schafe und 0,6 Millionen Pferde in Deutschland«, schreibt Reichholf. »Das ergibt zusammen 42,5 Millionen Huftiere oder 250 Stück auf jedem der 170.000 Quadratmeter landwirtschaftlicher Nutzfläche.« Das Gewicht der knapp 82 Millionen Menschen schätzt Reichhold auf ein Lebendgewicht von 5,33 Milliarden Kilogramm. Dem Bestand an Großtieren gibt Reichholf ein fünfmal so hohes Gewicht. An anderer Stelle hält er das Gewicht von 6,2 Milliarden Menschen gegen das von 1,5 Milliarden Rindern und kommt zu einem Verhältnis von eins zu drei zugunsten der Rinder. Alle in dieser Rechnung berücksichtigten Tiere stehen in der Produktion für den Menschen. Sie liefern Fleisch oder Milch. Wenn man die vielen Millionen Menschen aus dem Modell herausnimmt, die hungern oder in großer Armut lebend zu Fleisch keinen Zugang haben, wird das Verhältnis noch deutlicher.

Brasilien, 2005, Blick aus dem Cockpit eines Sportflugzeugs: »Noch vor zwanzig Jahren war hier nur Urwald. Und er wurde aus einem einzigen Grund gerodet, um Soja zu pflanzen«, erklärt der Pilot Danilo Iper de Lima. »Hier in Amazonien wollen wir kein Soja. Warum nicht? Unser Boden ist gut, aber für Soja ist er nicht geeignet. Wir müssen alle Nährstoffe herbringen und künstlich zuführen. – Dieser Teil hier war Regenwald mit mächtigen Bäumen. Der Wald wurde gerodet, und jetzt pflanzen sie Soja an. Dort wurde gerade der Urwald mit Traktoren gerodet. Und jetzt wird der Sojaanbau vorbereitet.« BSE war eine Katastrophe für viele Brasilianer und Brasilianerinnen. Die Tierabfälle, hergestellt aus Knochen, Sehnen und anderen nicht in die Fleischproduktion gelangten Teilen, die europäische Produzenten als Mehl in das Tierfutter mischten und damit zum Beispiel Rinder, klassische Pflanzenverwerter, zu einem ihnen eigentlich fern liegenden Kannibalismus zwangen, hat oberflächlich betrachtet gar nichts mit Brasilien zu tun. Trotzdem waren die Folgen der BSE-Krise, als sich europäische Rinder in den Wahnsinn verabschiedeten, nicht nur für Europa von großer Bedeutung. Nach dem Verbot der Beimischung von Tiermehl in Tierfutter im Jahr 2000 (in Deutschland, in der EU 2001) brauchte es dringend einen Ersatz für den giftigen Stoff, der mit seiner Eiweißhaltigkeit für schnelles Wachstum sorgte und dem Züchter garantierte, dass sein Vieh schnell an Zentnern zulegte. Der Ersatzstoff hieß Soja.

Das Tiermehl von bereits infizierten Rindern wurde verantwortlich gemacht für die Infizierung von Rindern. Obwohl dieser Zusammenhang nie bewiesen wurde, war diese Vermutung grundlegend für das Verbot, Tiermehl in Tierfutter zu mischen, das für jenes Vieh bestimmt war, das später von Menschen gegessen werden sollte. Heute wird Tiermehl in Düngemittel gemischt, aber auch immer noch in Tierfutter gerührt. Allerdings nur noch von der so genannten Petfood-Industrie, die Hunde und Katzen mit Trocken- wie Dosennahrung versorgt. Auch Zoo- und Zirkustiere müssen dieses Tiermehl noch zu sich nehmen. Wahrscheinlich achtet jede Zoodirektion peinlich darauf, dass ihre Zebus und Büffel davon verschont bleiben. Allerdings ist die Versuchung für Landwirte groß, weiterhin Tiermehl zu verfüttern. Für eine Tonne Dünger auf Tiermehlbasis, der sich problemlos unter anderes Futter mischen lässt, werden zwischen zwanzig und dreißig Euro verlangt. Ein Futtermittel auf der Basis von Soja kostet den Bauern mindestens das Zehnfache, nämlich mehr als 300 Euro.

Für das Jahr 2003 ist der Verbleib von 124.000 Tonnen in Deutschland tatsächlich produzierten Tiermehls nicht nachzuweisen. Da sie nicht aufgespürt werden konnten, muss man davon ausgehen, dass sie auf die eine oder andere Weise dem Nahrungskreislauf zugeführt wurden. Die deutsche Organisation foodwatch hat versucht, den Verbleib dieser Mengen zu verfolgen, aber die deutschen Behörden verweigerten in der Sache die Auskunft mit dem Hinweis auf den Datenschutz.

Soja hat das Tiermehl dort ersetzt, wo nicht gepfuscht wird. Es hat einen ähnlichen Nährstoff- sowie Eiweißgehalt und bringt die Tiere in Knochen- und Muskelaufbau schneller voran als die Gräser auf der Alm. Nach dem EU-Verbot der Verfütterung von Tiermehl gab es plötzlich einen riesigen Bedarf an Soja, der auf dem Weltmarkt nicht über Nacht zu decken war. Das war die Stunde der Goldgräber. Der Großgrundbesitzer Blairo Maggi aus dem brasilianischen Bundesstaat Mato Grosso begann in Windeseile, ein einzigartiges Projekt umzusetzen. Er vervielfachte den Sojaanbau auf dem Grund seiner Familie und wurde mit seiner Grupo Amaggi schnell zum größten Sojahersteller der Erde – und das mitten im Regenwaldgebiet des

Amazonas. Für diesen Aufstieg gibt es – neben dem wachsenden Bedarf an Soja – eine ganze Reihe von Faktoren.

Die Familie, die ursprünglich aus dem Süden Brasiliens stammt, besaß schon ausgedehnte Flächen in Mato Grosso und verfügte auch über eine entsprechende Machtstellung im Staat. Schon vor Jahrzehnten waren Arbeiter mit ihren Familien von den Maggis nach Mato Grosso gelockt worden, mit dem Versprechen auf eigene Ländereien, solange sie sich verpflichteten, den Maggis das Saatgut für das Land abzunehmen.

Immer weiter werden riesige Flächen entwaldet. Daran haben sowohl die Holzindustrie wie auch Blairo Maggi ein Interesse. Offiziell werden allerdings anonyme Holzfäller verantwortlich gemacht, die das Gebiet bei Nacht und Nebel bearbeiten. Die Zahlenangaben über die Größe des Gebiets, das in den letzten Jahren in Mato Grosso entwaldet wurde, schwanken deutlich. Beliebt sind Vergleiche mit US-Bundesstaaten oder Staaten in Europa. Gesichert ist, dass mehrere zehntausend Quadratkilometer Regenwald allein dem Sojaanbau zum Opfer gefallen sind. Mato Grosso ist 906.000 Quadratkilometer groß, die Schweiz zum Beispiel 41.000 Quadratkilometer. In der Amazonasregion sind schon 668.000 Quadratkilometer entwaldet, so der World Wildlife Fund. Das entspricht siebzehn Prozent der gesamten Größe, einem Gebiet so groß wie Frankreich und Portugal zusammen. Mato Grosso hat ungefähr zweieinhalb Millionen Einwohner und gehört zu den extrem strukturschwachen Staaten im brasilianischen Norden. Wer über die Mittel verfügt, steht hier über dem Gesetz.

Maggi präsentiert sich in der Öffentlichkeit völlig frei von Skrupeln. Über den rasanten Zuwachs seiner Ländereien sagt er: »Ein vierzigprozentiger Zuwachs an Entwaldung ist doch gar nichts, und ich fühle mich auch nicht im Geringsten schuldig wegen dem, was wir hier tun. Wir haben hier ein Gebiet vor uns von der Größe Europas, das so gut wie unberührt ist. Es gibt also überhaupt keinen Anlass zur Sorge.«

Vor Jahren wäre es undenkbar gewesen, mitten im Regenwald Soja anzubauen. Aber dank der gentechnisch neu konstruierten Produkte der US-Saatgutfirmen konnte man dieses Problem überwinden. Der

Boden muss allerdings durch zahlreiche Düngemittel aufgerüstet werden, denn auf eine Soja-Monokultur war der Waldboden nicht vorbereitet. Unterstützung findet die Grupo Amaggi bei der brasilianischen Politik, die eine große Offenheit demonstriert für gentechnisch veränderte Produkte. Zwar hatte die Arbeiterpartei von Präsident Lula da Silva eine andere Politik angekündigt, durchsetzen konnte sie sie jedoch nicht. Blairo Maggi ist verbündet mit den mächtigen Koalitionspartnern des Präsidenten.

Brasiliens Regierung betreibt die Fertgstellung der Transamazonica. Diese mehr als 1.750 Kilometer lange Straße soll den Autoverkehr durch das Amazonasgebiet leiten und war bereits das Lieblingsprojekt der Militärdiktatur in den siebziger Jahren. Die Trasse würde nicht nur den Raubbau an Holz und den Anbau von Soja unterstützen, sondern auch die Grundlage dafür bieten, dass entlang der Route rechts und links der Straße schon bald die Grundlagen für weitere riesige Agrarprojekte geschaffen würden. Bislang wird Soja über kleinere Straßen und über das Flusssystem des Rio Madeira und des Amazonas transportiert. Im Jahr 2004 exportierte Brasilien Soja und Sojaprodukte im Wert von 34,1 Milliarden Dollar. Das ist eine Größe, die in Brasilien beeindruckt. Maßnahmen gegen so eine Summe überlegt man sich gut. Gesetze hin, Gesetze her. Und Blairo Maggi ist Gouverneur des Bundesstaates Mato Grosso.

»Im Moment verlangen die Sojaproduzenten von der Regierung, dass eine Asphaltstraße gebaut wird, die durch einen der letzten ursprünglichen Urwälder geht. Das Geld für diese Straße kommt von der Weltbank und von der Lateinamerikanischen Bank. Das Ergebnis dieses Verhaltens und dieser Politik ist: Die europäischen Tiere fressen den Regenwald von Amazonien und Mato Grosso auf«, sagt Vicente José Puhl, der als Coordenador Regional der Organisation Federação de Órgãos para Assistência Social e Educacional arbeitet.

Soja wird im Amazonasgebiet angebaut, um es zu exportieren. Die Rodungen wären nicht durchgeführt worden, die Infrastruktur wäre nicht aufgebaut worden, die Pläne für den Ausbau der Transamazonica wären nicht diskutiert worden, wenn es nicht einen gewaltigen Boom beim Sojabedarf auf der anderen Seite des Atlantik gegeben hätte. Nur deshalb werden in Brasilien, zum großen Teil in Mato Grosso, Nahrungsmittel angebaut. Soja ist zwar ein nützliches Futter für die Aufzucht von Vieh, das der Mensch selbst verzehren möchte, aber auch eine Pflanze, aus der sich für den menschlichen Verzehr gute und billige Lebensmittel herstellen lassen.

Brasilien wird in den kommenden Jahren erhebliche Konkurrenz bekommen aus Osteuropa. Rumänien und bald auch die Ukraine werden mit eigener Sojaproduktion womöglich den Weltmarkt aufrollen. Nun haben brasilianische Firmen begonnen, Teile ihrer Anbauflächen für sehr kleines Geld an europäische Bauern zu verkaufen, um Europa, seine Bauern und die Viehproduktion auf diese Art und Weise an die Produktion in Brasilien zu binden.

In ganz Brasilien hungern Menschen. Die Regierung spricht von 25 Prozent der Bevölkerung, die weder die Möglichkeiten besitzen, sich selbst auf ihrem eigenen Land zu ernähren noch die finanziellen Mittel haben, um sich ausreichend Nahrung zu kaufen. Das sind mehr als vierzig Millionen Menschen. Viele davon leben im riesigen Norden, dem Einzugsgebiet des Amazonas, der seit jeher von allen Regierungen des Landes vernachlässigt wird. In derselben Region, in der gerade Soja im Überfluss geerntet wird.

In den Ländern der Europäischen Union erhalten Bauern, die über Jahre hinweg zehn Prozent ihrer Anbaufläche ungenutzt lassen mussten, heute Subventionen für den Anbau von Mais und Weizen. Allerdings nicht, um den ohnehin nicht eben klammen Markt für beide Produkte weiter zu beliefern. Es geht auch nicht darum, der Tierfutterindustrie zuzuarbeiten, obwohl Weizen als auch Mais bestens dazu geeignet wären, in kleinen wie großen Ställen verfüttert zu werden. Beide Pflanzen haben einen neuen Abnehmer gefunden: Regionale Stromerzeuger in Österreich oder Deutschland heizen damit ihre Kraftwerke. Die Geschichte funktioniert so: Die österreichischen Bauern bekommen Subventionen (die EU nennt es Ausgleichzahlungen) dafür, dass sie auf zehn Prozent ihrer Nutzfläche nichts anbauen, was in den Lebensmittelkreislauf kommt! Weil wir zu viel zum Essen haben! Nun bauen die schlauen Bauern dort zum Beispiel Mais oder Weizen an, der zur Verbrennung in Wärmekraftwerken gedacht ist, das nennen sie nachwachsende Rohstoffe. Also kassieren sie die EU-Ausgleichzahlungen, dann verkaufen sie den Mais oder Weizen an die Kraftwerksbetreiber (das ist der zweite Geldfluss), und diese wurden aus enormen EU-Fördermitteln errichtet (dritter Geldfluss)! Es handelt sich um den teuersten und am unwirtschaftlichsten hergestellten elektrischen Strom der Welt. In den lokalen Zeitungen wird das unter dem Titel »Energie auf dem Feld geerntet« verkauft und beworben.

Die moderne Nahrungsmittelproduktion hat eine Menge Täuschungen hervorgebracht, an die wir uns längst gewöhnt haben. Saucen und Suppen werden in Papiertüten verkauft; Krebsfleisch wird aus allem Möglichen, aber nicht aus Krebsen hergestellt; Erdbeerjoghurt wird ohne Erdbeeren gemacht, das Beispiel des Erdbeeraromas aus Sägespänen ist legendär; und Wein mit Holzgeschmack hat nie im Holzfass gelegen. Das sind die offensichtlichen Beispiele, und es ist leicht, die Tarnungen zu erkennen, und genauso einfach ist es, ihnen aus dem Weg zu gehen. Man muss ja keine Fertigsaucen kaufen, und offensiv falsch etikettierte Ware kann man einfach im Regal liegen lassen. Schwieriger zu dechiffrieren sind die Manöver der Nahrungsmittelindustrie allerdings in anderen Fällen.

Ein rundum positiv besetztes Objekt wie die Tomate zum Beispiel wird nicht so leicht Entsetzen auslösen. Dabei hat die im Gewächshaus auf Steinwolle gezogene rote Frucht nur noch wenig mit unserer klassischen Vorstellung von einer Pflanze zu tun. Dass Obst und Gemüse in der Erde wachsen, ist für das Angebot in unseren Supermärkten schon lange keine Notwendigkeit mehr. Vielleicht ist die in Steinwolle statt im Boden gewachsene Tomate tatsächlich so wenig eine Tomate wie das Foto einer Tomate. Die Grenze zu finden ist schwierig.

Dieser modernen Tomate entspricht das moderne Tier. Das Hähnchen, ein angemessener Diminutiv für das männliche Huhn, das nie erwachsen werden wird, bevor es zum Verzehr freigegeben wird, gebiert sich selbst in einem Brutschrank, um dann in eine düstere Halle geschafft zu werden, wo ihm sechs Wochen Zeit gegeben werden, bis es im Handelssinne als schlachtreif gilt. Von der einen düsteren Halle wird es dann in die nächste transportiert, die für das Hähnchen der Vorhof zum Lebensende ist. Damit erfüllt das Hähnchen die elementaren Bedingungen für die Definition Tier nicht mehr. Es hat Mama nicht kennen gelernt und kein soziales Leben gehabt, außerdem hat es sich fast nicht bewegt, nur das bisschen Picken im Futterbehälter und das Halsrecken nach dem Wasser aus dem Rohr haben es auf Trab gehalten. Wahrscheinlich wird es in Zukunft noch weitere Modelle geben, solche Kreaturen auf noch weniger und gar nichts anderes mehr als die Fleischproduktion zu reduzieren. Aber die Geschichte, einst ein Tier gewesen zu sein, kann man dem gefrorenen Hähnchen, das mit dem Gewicht von 1,2 Kilogramm (inklusive Wasser) im Supermarkt für 2,29 Euro zu haben ist, wohl absprechen. Was aber kauen wir dann, wenn das Hähnchen nicht einmal mehr ein Tier gewesen ist?

Dabei geht es hier nicht in erster Linie um die Frage, was wir der Kreatur antun und ob es ethisch vertretbar ist, Tiere mit oder ohne Beine zu essen. Die allermeisten Menschen haben sich entschieden, ob sie Fleisch und Fisch essen oder nicht – wenn sie Zugang dazu haben. Für uns ist entscheidend, ob die Nahrungsmittelindustrie das liefert, was sie herzustellen verspricht, und wer dafür tatsächlich zu bezahlen hat.

Die Fleischindustrie steht nicht gern in der Öffentlichkeit, weil einige ihrer Kernbereiche nicht präsentabel sind. Hühner ohne Federn, die Eier legen wie Maschinen, sind kein schöner Anblick, und Fotos von ihnen werden eher vom Tierschutzverein und von militanteren Organisationen benutzt, um Ekel und Abscheu zu verbreiten, als in der Selbstdarstellung der Branche. Ein Schlachter, der einem Rind einen Stahlzylinder in den Kopf treibt, ist ebenso wenig geeignet, fröhlichen Konsum anzuregen wie Bilder von der Wurstproduktion. Der TV-Sender Pro7 versucht allerdings, genau hier anzusetzen und in seiner populärwissenschaftlichen Sendung »Galileo« industrielle Abläufe zu zeigen, die uns alle interessieren. Allerdings sehen die Beiträge so aus, als seien sie zu einhundert Prozent von den porträtierten Firmen bezahlt. So wird in dem Wie-wird-eigentlich-Fleischsalat-gemacht?-Beitrag die Kamera sekundenlang auf ein Logo der Firma

Homann gehalten, in deren Betrieb das Stück gefilmt wurde. Deren Auslieferungen stehen im Supermarkt normalerweise unter Feinkost, und so kommt es in dem Beitrag zu irritierenden Konfrontationen. Auf der einen Seite werden gigantische Mengen gehäckselten Fleischbräts und klein gehackter Gurken aus der Dose in einen Bottich geworfen. Auf der anderen allerdings ist ein Mann zu sehen, der nach dem Stichwort »Eigelb« aus dem Off drei oder vier Dotter in einer Schüssel verrührt, so als sei er der persönliche Saucenkoch des Königs. Gekrönt wird das alles mit der Ankündigung, dass das wahre Geheimnis des Geschmacks der Firma Homann auf einer streng geheimen Gewürzmischung beruhe, die ein weiterer Weißkittel dann in den großen Bottich gibt, wo zuvor schon der Rest der Zutaten gelandet ist. Er hält einen Drei- oder Vier-Kilo-Beutel in den Händen, wie er von Gewürzfirmen für diesen Industriezweig hergestellt wird. Und was er da in den Trog schüttet, sieht aus wie waschechtes Glutamat. Über die Qualität der einzelnen Zutaten erfährt der Zuschauer nichts, auch nicht über die Zusatzstoffe wie Konservierung und Farbe usw.

Wurstproduktion ist ein Tabu. Wer will auch schon so genau wissen, wie sechs verschiedene hochwertige Chemikalien in den Wurstteig eingerührt werden – und warum. Eine willkürlich aus dem Regal gegriffene Wurst aus der konventionellen Produktion: In der Packung einer großen mittelständischen Fabrik aus Kaiserslautern und Andernach befinden sich drei Hundert Gramm schwere herkömmliche Mettwürste. Neben Schweinefleisch, jodiertem Kochsalz, Laktose, Würze, Gewürzextrakten, Naturdarm und Buchenholzrauch finden sich unter den Inhaltsstoffen E 250, E 262, E 300, E 301, E 331 und E 575. Mit dem großen E beginnen auf der Zutatenliste der Nahrungsmittel in Ihrem Kühlschrank die so genannten Lebensmittelzusatzstoffe. E 250 ist der Zusatzstoff Natriumnitrit, der zum Glück erst in einer Menge von vier Gramm tödlich ist, in weitaus geringeren Mengen allerdings zusammen mit Kochsalz der Wurst jene rote Farbe verleiht, die die Ware auch dann noch zum Leuchten bringt, wenn sie in Wahrheit längst verdorben ist. Die Mischung aus E 250 und Kochsalz heißt auch Nitritpökelsalz und könnte so durchaus auch auf

»Was hier abgemäht wird, ist zur Gänze nur zum Verheizen.«

Franz Manhart | Landwirt | Niederösterreich

»Es passiert mir heute imm
stehen bleiben, weil sie es
was wir da machen.«

Hans Schrank | fährt Brotabfall durch Wien

er noch, dass alte Leute
nicht glauben können,

»Wir wissen genau, was hineinkommt mit dem Tropfsystem, das Futter, das Wasser.

Wenn wir das direkt im Boden machen, dann wissen wir es nicht genau. Im Boden gibt es auch

mehr Krankheiten.« Lieven Bruneel | Agronom | Almeria | Spanien

»In den sechziger Jahren hat
Damals hat die Zentralregieru
gen, das Wasser hierhin zu br
Bauern, die in den Bergen leb
Ebene großflächig anzubaue
für das Know-how gesorgt ur

Lieven Bruneel | Agronom | Almeria | Spanien

alles hier angefangen.

ng aus Madrid hier angefan-

ingen. Dann haben sie den

en, den Plan eröffnet, in der

n. Die Regierung hat auch

d Agronomen angeworben.«

Lisa Ganser und Erwin Wagenhofer in den Behausungen der Tomatenarbeiter in Südspanien beim Dreh zu *We Feed the World*

»In Europa soll der Fischfa[ng] industrialisiert werden.«

Zwischentitel | *We Feed the World*

ng vollständig

»We fucked up the west few times, and now we are coming to Romania, and we will fuck all the

agriculture here.« Karl Otrok | Produktionsleiter Pioneer | Rumänien

»Dieses Wasser hier ist nicht [...]
es. Die Kinder bekommen m[...]
kommt viel Schmutz ins Was[...]
was alles hineinkommt.«

José Maxiliamo de Souza | Kleinbauer | Pernambuco | Brasilien

gut, aber wir trinken
anchmal Fieber davon. Es
ser, wir wissen gar nicht,

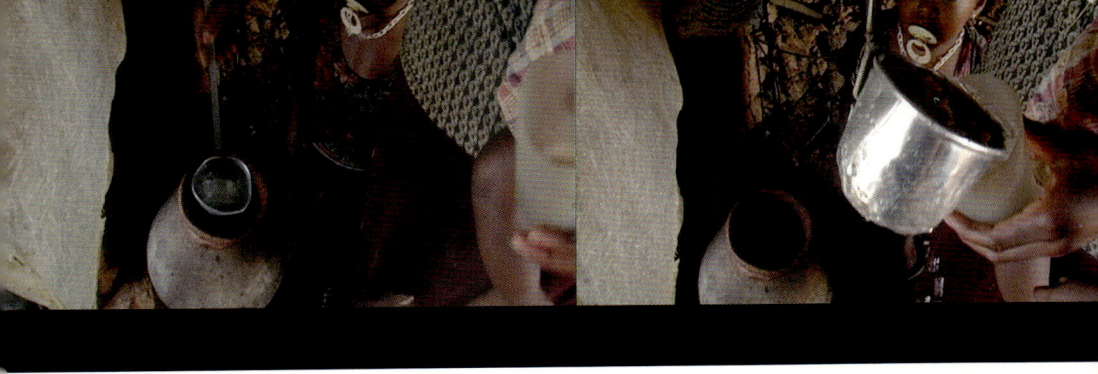

»Der senegalesische Bauer hat überhaupt gar keine Chance mehr, das Auskommen zu finden auf seinem

eigenen Boden.« Jean Ziegler | UN-Sonderberichterstatter für das Recht auf Nahrung | Genf | Schweiz

»Der Konsument hat keine funktioniert ...«

Ahnung mehr, wie was

» ... und wie was gemacht

Hannes Schulz | Mastelterntierzüchter | Laßnitzhöhe | Steiermark

wird.«

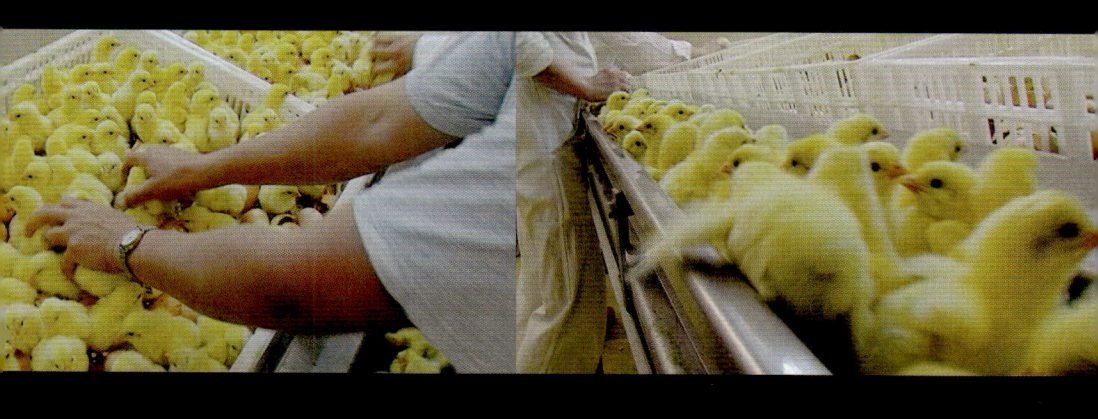

»Wasser ist ein Lebensmittel, so wie jedes andere Lebensmittel sollte das einen Marktwert

haben.« Peter Brabeck-Letmathe | Konzernchef von Nestlé | Vevey | Schweiz

der Zutatenliste ihren Platz finden. Allerdings gilt Nitritpökelsalz als möglicherweise krebserregend, und mancher Bericht in Verbrauchermagazinen hat darauf schon hingewiesen. Also werden die Inhaltsstoffe lieber getrennt voneinander ausgewiesen. E 262 ist mit Natriumacetat eines der Konservierungsmittel in der Wurst. Hinter E 300 verbirgt sich die Ascorbinsäure, das Antioxidationsmittel, das ebenfalls mithilft, die Farbsicherheit der Ware zu gewährleisten. E 301 ist Natriumascorbat, das ist die synthetische Form der Ascorbinsäure, die häufig in Gen-Tech-Labors hergestellt wird. Natriumcitrat ist der Stoff, der auf der Zutatenliste mit E 331 verzeichnet ist. Natriumcitrat ist ein Säuerungsmittel, das mitunter gentechnisch hergestellt wird, und in seltenen Fällen Allergien auslösen kann, aber im Allgemeinen das Prädikat harmlos erhält. Zuletzt steckt hinter E 575 der Stoff Gluconodeltalacton, das ist ein Säuerungsmittel und Konservierungsstoff, der der Wurst, wie auch die Kollegen E 330 und E 331, diesen säuerlichen Geschmack verleiht. Mit Dextrose, Glukosesirup und Zucker sind zuletzt auch noch drei verschiedene Süßungsmittel in den »Rauchmettenden« zu finden. E steht übrigens für Europa.

Auf der Website des Herstellers werden einige Bilder angeboten, die nichts mit der Produktion vor Ort zu tun haben. Unter den Großbuchstaben »Qualität« sind drei Fotos zu sehen: Das erste zeigt ein Rind, das auf einer fetten Almwiese steht, das zweite eine Rinderherde auf saftigem Wiesengrün und das dritte Foto vergnügt in der Sonne herumstehende Schweine. Kurios daran ist, dass bei einem Blick auf die Produktpalette überhaupt nicht zu erkennen ist, dass der Betrieb überhaupt etwas anderes als Schweinefleisch verarbeitet. Die Fotogalerie zum Durchklicken zeigt Firmenchefs vor Wänden und Hallen, aber nur ein Foto, auf dem gearbeitet wird. Da sortieren in Weiß gekleidete Angestellte schon fertig verpackte Produkte. Der Produktionsvorgang von Wurst, Speck und Schinken ist nicht zu sehen.

Man muss nicht über die Zusatzstoffe kommen oder über die bildliche Selbstdarstellung der Unternehmen, um die Produkte der Fleischindustrie seltsam zu finden. Wissen Sie, wie Bockwürste aussehen, bevor sie ins Glas gelangen? Versuchen Sie doch einfach mal, die Bockwürste aus dem Glas mit dem Schraubverschluss zu holen und sie dort wieder hineinzuschaffen. Das geht nämlich gar nicht, denn die Würste sehen ganz anders aus, bevor sie ins Glas gesteckt werden. Es sind schrumpelige Schmalhälse, die sich erst im Glas mit der beigegebenen Flüssigkeit voll saugen. Das trifft auf die billigen wie die teuren zu und kann in vielen Fällen eine lebensmittelrechtlich durchaus unbedenkliche Sache sein. Wer es aber einmal gesehen hat, wird sein Verhältnis zu Essen dieser Sorte schnell verändern wollen.

Die Zutatenliste der Wurst mag dem ein oder anderen den Spaß am Verzehr verderben, die tatsächlichen Inhaltsstoffe jedoch dürften einem Großteil der Kundschaft den Appetit rauben. Einige Bestandteile findet man nicht oder nur sehr selten auf den Verpackungen. In europäischen Schlachthöfen fallen eine Menge Stoffe an, die auch bei großzügiger Auslegung nicht mehr unter Fleisch einzuordnen sind, Sehnen zum Beispiel und Reste, die von den Knochen geschabt worden sind. Das alles ist nicht giftig und im Zweifel nicht ekliger als alle anderen Materialien, die im Schlachthof abgeholt werden. Tatsache ist, dass die Betriebe nicht auf diesem Zeug sitzen bleiben, und daraus könnte man schon den Schluss ziehen, dass es auch verwendet wird. Nur: Angezeigt wird es nicht. Lediglich die Schwarte findet ab und zu den Weg auf die Liste.

Dass nach BSE Soja zum Proteinträger im Tierfutter geworden ist, öffnet den genmanipulierten Produkten der Saatgutfirmen Tür und Tor zu den europäischen Märkten. In Deutschland bestehen zwar noch viele Verbote in der Hinsicht, aber das Vieh im Stall mit Gen-Tech-Soja aufzuziehen ist nicht untersagt. Außerdem gibt es keine Kennzeichnungspflicht auf der Zutatenliste von Nahrungsmitteln, wenn darin Fleisch verarbeitet worden ist, das von Tieren stammt, die mit solchen Futtermitteln genährt worden sind. Solche windelweichen Gesetze gelten auch für andere Lebensmittel, fragen Sie mal Ihre Schokolade!

Die Frage der Kennzeichnung gentechnisch veränderter Lebensmittel ist in einigen europäischen Staaten wie in der ganzen EU nicht einfach eine Frage der politischen Überzeugung. Zwischen Nordamerika und Europa läuft seit Jahren eine handfeste Auseinandersetzung darüber, wer unter welchen Umständen das Recht hat, Waren von der anderen Seite des Atlantik mit einem Bann zu belegen. Die USA drohen seit Jahren damit, europäische Autos durch hohe Einfuhrsteuern zu verteuern, wenn Europa nicht endlich gentechnisch veränderte Rohstoffe und Nahrungsmittel, die wesentlich auf gentechnisch veränderten Rohstoffen basieren, ohne Hindernisse auf den Kontinent lässt. Das wiederum führt zu der absurden Situation, dass speziell Deutschlands Autokonzerne Druck auf die eigene Regierung ausüben, sich nicht so zu zieren, wenn es um genau jene US-Interessen geht. Denn sie haben vor nichts mehr Angst als vor Import-Zöllen in den USA, die ihnen den Zugang zu diesem wichtigen Markt erschweren würden. Und welches Kabinett in Deutschland kann schon gegen die Automobilindustrie regieren?

In den weiteren Bereich der Kennzeichnungspflicht oder der kreativen Interpretation mit der Zutatenliste gehört auch der Umgang mit Wildfleisch. Auch hier war eine Skandalisierung nötig, die sich niederschlug in Kopfmeldungen zur besten TV-Nachrichtenzeit. Der europaweit größte Betrieb für die Verarbeitung von Wildfleisch war aufgefallen, weil die Fabrik extrem unhygienisch gewesen sein muss. Blut sei aus der Verarbeitung bis an die Außentüren des Komplexes gelangt, und Importpapiere seien gefälscht worden, so einige der in den Medien kolportierten Vorwürfe. Die Boulevardpresse sprach sogar von Ratten im Fleischwolf.

Der massenhafte Handel mit Wildfleisch konnte ohnehin nicht der Realität auf heimischen Fluren entsprechen. Selbst wenn man Zuchtrehe und -hirsche mitrechnet, ist das massenhafte Aufkommen an Wild in Konserven und auf Speisekarten eine leicht zu durchschauende Täuschung.

Auch dass ständige Überdüngung den Boden versaut, ist von Zeit zu Zeit ein Randthema in den Medien. Dünger versorgt den Boden mit allerlei Nährstoffen, die er gar nicht braucht. Man muss sich nur einen menschlichen Organismus vorstellen, der pausenlos, einseitig und im Übermaß gefüttert wird – der wird dadurch auch nicht leistungsfähiger. Was mit Böden in vielen Gegenden Europas geschieht, ist das genaue Gegenteil von dem, was in der traditionellen Landwirtschaft über Jahrhunderte passierte. Ein traditioneller Bauernhof hatte Ackerbau und Viehzucht im Angebot. Was dem Boden an Nährstoffen entzogen wurde, erhielt er über den Mist in etwa zurück, den Mensch und Tier produzierten und auf ihm verteilten. Trotzdem verlor der Boden über die Jahre ständig an Nährstoffen, und als Folge fielen die Ernten dadurch von Jahr zu Jahr etwas geringer aus. Diesem Problem ist allerdings beizukommen, indem man die Anforderungen an den Boden alle paar Jahre verändert und andere Nutzpflanzen anbaut, den so genannten Fruchtwechsel betreibt, in der klassischen Drei- oder Fünffelderwirtschaft. So produzierte die Landwirtschaft früher Energie, während sie heute Unmengen an Energie aus anderen Erdteilen für die so genannte Veredelung, beispielsweise in Form von Soja und von moderner Energie wie Strom und Treibstoffen für die industriellen Anlagen, verbraucht.

Die organische Düngung, also das Abladen der Tierausscheidungen aus der Fleischproduktion, überdüngt den Boden mit Stickstoff. Der erdrückt alles Leben im Boden, anstatt es zu unterstützen – was er nur dann bewirkt, wenn die Menge stimmt. Allerdings gibt es ja keine Alternative zum Abladen. Irgendwo müssen die Massen ja abgeliefert werden. Das eingangs erwähnte niederländische Experiment hat ja nie Schule gemacht. So wird die Gülle in erster Linie in der unmittelbaren Nähe der verursachenden Tiere abgeladen, und deshalb ist der Landkreis Vechta so stark vergiftet. Allerdings gibt es auch zahlreiche Transporte des überflüssigen Stoffes. Wenn man also konzentrische Kreise schlägt um die Niederlande oder um die Bundesländer Schleswig-Holstein und Niedersachsen, dazu noch um Niederbayern, dann findet man zahllose Regionen, die am Stickstoff zu ersticken drohen. Der Terminus für diesen Transfer: Gülletourismus! Grundlage dafür sind die Nährstoffbörsen oder treffender »Güllebörsen«, die von den örtlichen Landwirtschaftskammern organisiert werden: »Betriebshilfsdienste und Maschinenringe verwerten überbetrieblich Nährstoffe aus Wirtschaftsdüngern, insbesondere aus

Gülle zur langfristigen Sicherung der Veredelungsstandorte.« Übersetzt in die deutsche Sprache meint das Folgendes: lockere Zusammenschlüsse von Bauern, die nicht in der Viehwirtschaft tätig sind und die sich Geräte teilen, die teures Geld kosten und die kein Betrieb in der eigenen Garage stehen haben muss, wie zum Beispiel Mähdrescher oder Rübenerntemaschine. Das sind die Maschinenringe, die Gülle für ihre Äcker ordern. Betriebshilfsdienste sind Firmen, die diese Maschinen besitzen. Der Betriebshilfsdienst verleiht die Maschinen dann, häufig mit dem Personal, das sie bedienen kann, an die Höfe. Veredelungsstandort zuletzt ist einer der kryptischsten Begriffe aus der weiten Welt der Landwirtschaft. Veredeln meint jenen Vorgang, der aus einem toten Tier ein Schnitzel oder eine Scheibe Wurst macht. Die Güllebörse ist eine Art naher Verwandter der Emissionsschutzordnung der EU. Können dort »saubere« Industriebetriebe Lizenzen an »schmutzige« verkaufen, sodass die mehr Schadstoffe in die Luft abgeben dürfen als per Gesetz erlaubt, so entlasten die Gülle abnehmenden Betriebe die Fleischhöfe. Die müssen nämlich nachweisen, dass sie einen Teil der Gülle halbwegs sinnstiftend zu entsorgen in der Lage sind. Ein Ausweg wäre der Besitz von Land, das den Mist aufnimmt. Der andere sind die Güllebörsen. Land allerdings braucht von den Viehbetrieben ein jeder zuletzt. Denn schließlich erhalten die meisten Tiere in Betrieben, die für die Schlachtung produzieren, ohnehin keinen echten Auslauf. Das grundsätzliche Problem allerdings lösen die Güllebörsen auch nicht. Es gibt Tiermist in astronomischen Mengen in Deutschland, und die Last wird auf diesem Weg nur in kleinen Dosen verteilt. Die breite Bevölkerung wird mit der Existenz größerer Mengen von Gülle eigentlich nur konfrontiert, wenn ein Gülletank platzt und ein Dorf unter sich begräbt, wie 2005 im Erzgebirge oder 2006 in der Oberpfalz. Das riecht dann dort alles sehr schlecht, und der Spott der Nachbargemeinden ist dem Ort über Jahre hinweg sicher, richtet allerdings kaum langfristigen Schaden an. Möglicherweise könnte man diesen Mist in Biogasanlagen vernichten, doch für die gibt es derzeit keine industrielle Lobby.

Das Problem, das die Rinder und Schweine darstellen, die in den deutschen und europäischen Ställen stehen, erschöpft sich aber nicht in der Menge der Abfall- und Schadstoffe, die sie produzieren. Die knapp vierzig Millionen Huftiere dieser beiden Gattungen allein in Deutschland stellen eine Menge an Schlachtfleisch dar, das vom heimischen Markt nicht aufgegessen werden kann und die Europäische Gemeinschaft mit einem Exportproblem belastet, das sie zugegebenermaßen sehr flexibel und kreativ löst.

Die riesige Zahl der Tiere, die in einem Landkreis, einem Bundesland, in Deutschland oder in der EU leben, kann nicht durch Futter ernährt werden, das in dem jeweiligen regionalen Bezugsraum angebaut wird. Vechta kann seine Tiere nicht ernähren. Ebenso wenig Deutschland. Und genau das ist das Unglück der Brasilianer und Brasilianerinnen. Der deutsche und europäische Nährstoffimport entzieht den Böden auf der anderen Seite des Atlantik die Substanz für die weitere Produktion. Der Gedanke hinter dem niederländischen Projekt war gar nicht so dumm. Dem Nährstoffimport einen Düngerexport entgegenzusetzen, obwohl die Idee natürlich ein reiner Notfallgedanke war. Schließlich gehören die Böden in den Niederlanden zu den kaputtesten der Welt. In Mato Grosso hingegen, wo einst der Regenwald stand, muss von außen alles zugeführt werden – in Form von Kunstdünger –, was für die Sojaplantage notwendig ist!

Der organische Dünger, der Europas Äcker anreichert, hat weit reichende Folgen. Pflanzen- und Tierarten sind dramatisch im Rückgang begriffen, im Grundwasser reichern sich immer mehr Nitrate an. Josef H. Reichholf hat eine Statistik erstellt, die seit der Veröffentlichung 2004 von zahlreichen Referenten in Vorträgen eingesetzt worden ist, um für Erstaunen oder gar Entsetzen zu sorgen. Danach ist die Landwirtschaft in Deutschland hauptverantwortlich für den Rückgang des Artenreichtums bei Säugetieren, Vögeln, Kriechtieren und Lurchen.

Noch erstaunlicher aber als diese Rechnung ist eine andere Statistik, die Reichholf aufgestellt hat. Ausgehend von der Anzahl der Brutvögel in menschlichen Siedlungsgebieten beweist er, dass man die wirklichen Paradiese der Natur in Deutschland nicht auf dem »Land« findet, nicht in der Provinz und nicht in der stadtfernen Idylle. In den Nischen der Großstädte finden Vögel, Schmetterlinge und kleine

Säugetiere, viel mehr Raum als auf dem Land, das von der Landwirtschaft beherrscht und von ihr vergiftet wird. Je größer die Stadt desto mehr Lebensraum gibt es dort für eine breite Vielfalt an Tieren – ausgenommen große Säugetiere wie Bären oder Wölfe natürlich. Der Lebensraum Land ist längst kontaminiert, das romantische Bild vom Eigenheim im Grünen erweist sich nicht zum ersten Mal als ideologische Ente.

Die Fleischproduktion in der Europäischen Union hat global eine verheerende Wirkung. Es ist ein Dreieck der Verheerungen, das Europa da anrichtet. Mag man die Zerstörungen im Inneren noch als selbstverschuldet ansehen – ruinierte Böden, auf immer zerstörte Grundlagen in Fauna und Flora – so stehen die sozialen und politischen Folgen in Südamerika und Afrika in direktem Zusammenhang mit den Vorgängen auf unserem Kontinent. In Brasilien wird der größte zusammenhängende Regenwald der Erde Stück für Stück gerodet, damit Europa Fleisch produzieren kann. Das geschieht, ohne dass die Bevölkerung in den betroffenen Gegenden in größerem Maße davon profitiert, das Geld geht fast ausschließlich in die Kassen großer Unternehmen. In Afrika profitiert nicht einmal die Industrie vom Geschäftsverhältnis mit Europa in Sachen Fleisch. Schließlich gibt es in den allerwenigsten afrikanischen Ländern eine nennenswerte produzierende Industrie, und wenn, dann nicht mit Zugang zum Weltmarkt.

Die EU exportiert nach Afrika mehr Rohstoffe als Fertigprodukte. Zucker aller Art und Müllereierzeugnisse von Mehl über Malz bis Stärke machen einen großen Anteil aus, die Fleischexporte rangieren erst auf Platz fünf in der Liste. 2005 errechnete Attac, dass allein durch die Geflügelexporte 100.000 Menschen in den afrikanischen AKP-Ländern ihre Arbeit verloren hätten. Darunter war nur ein Teil Geflügelzüchter, und wenn, dann keine Giganten des Marktes. Die Mehrzahl der Betroffenen arbeitete in der Verarbeitung, im Verkauf oder in der Futtermittelherstellung. In vielen west- und zentralafrikanischen Ländern, also jenen, die von der Fleischpolitik der EU am härtesten getroffen sind, ist es schwer, an verlässliche statistische

Zahlen zu gelangen. So ist es also problematisch, hier ins Detail zu gehen. Also müssen wir uns mit anderen Informationen behelfen. Die Produktion von Geflügelfleisch ist in Ghana zu Beginn dieses Jahrzehnts komplett zusammengebrochen durch die Offensive der Europäischen Union. Geflügelfleisch war nicht gerade der bedeutendste Wirtschaftszweig in dem westafrikanischen Land. Aber wenn man bedenkt, dass zum Beispiel die Reisproduktion durch gezielt zu diesem Zweck billigst angebotenen, subventionierten US-Reis in den neunziger Jahren kaputtgegangen ist, und die EU mit ihren Rindfleischüberschüssen nicht viel anders verfährt als mit dem Geflügel, dann lässt sich die Geschwindigkeit ermessen, mit der alle Binnenmärkte des Kontinents zerstört werden. Den Reis importiert Ghana heute übrigens aus den USA.

Schon 1994 hatte Jeremy Rifkin in seinem Buch *Das Imperium der Rinder* Aufsehen erregende Dinge dargestellt. Er legte dar, dass damals schon etwa 25 Prozent der südamerikanischen Regenwälder abgeholzt worden seien, um Platz zu schaffen für die Rinderindustrie. Und außerdem – und noch ein wenig erschreckender – erklärte er, dass der Wasser- und Treibstoffverbrauch, der bei der Rinderhaltung weltweit anfalle, doppelt so viel zur Umweltverschmutzung beitrage wie der komplette Schadstoffausstoß der nordamerikanischen Industrie. Auch Josef H. Reichholf arbeitet mit Zahlen: Er zählt 1,5 Milliarden Rinder auf der Erde und etwas mehr als 6,2 Milliarden Menschen. Je nachdem, ob man pro Rind ein Gewicht von 500 oder 800 Kilogramm ansetzt, bedeutet das, dass die Rinder zweieinhalb- bis viermal so viel Gewicht auf den Boden des Globus bringen wie unsere Spezies – und von diesen 1,5 Milliarden Rindern werden die meisten nur geboren, unter der Mithilfe und der Aufsicht des Menschen, um ihm mit Fleisch und Milch zu dienen.

Obwohl die reine Anzahl der Tiere geradezu irrsinnig hoch erscheint, wird es sicherlich viele Stimmen geben, die sich trotzdem auf die Position zurückziehen, dass es ja des Menschen Recht sei, sich um seine Nahrung zu kümmern, und dass der Fleischlieferant Rind nun einmal dazugehöre. Allerdings ist die Menge an Land, die Rinder verbrauchen, vor allem in Staaten, in denen Land weniger kostspielig ist als in den Staaten Europas, etwa in Brasilien, wo mehr als 200 Millionen Rinder leben, in Australien oder den USA, so hoch, dass auf dem Boden, der heute für ein einziges Rind verwendet wird, Nahrung für einhundert Menschen erzeugt werden könnte.

Kapitel V

Fisch
Fischmehl, Aquafarmen & der neue Riesenlachs

Das Meer im Nordatlantik ist rau und wiegt den Kutter »Scorpion« auf und nieder. Die Fischer sind daran gewöhnt und bewegen sich an Deck so sicher, als wären sie auf dem Festland. Sie ziehen ihre beiden Netze bei voller Fahrt über die Seilwinde am Heck des Schiffes ein. Dann verteilen sie den Inhalt der Netze im hinteren Teil des Bootes und machen sich daran, ihn in Kisten zu sortieren. Die schleppen dann zwei Mann zu der großen tischartigen Empore in der Mitte des Schiffes. Dort stehen weitere Kisten, in die die Fischer jetzt sortieren, was ihnen der Fang beschert hat.

»Mein Name ist Dominique Cleuziou, ich wohne in Concarneau, wo es einen Fischereihafen gibt. Ich arbeite in diesem Metier seit ich fünfzehn bin. Ich bin ein sehr pünktlicher Mensch. Und wenn ich sage pünktlich, dann meine ich auf die Minute genau. Das erscheint vielleicht unbedeutend. Beobachte ich aber die Natur, dann bemerke ich, dass sie sich auf die Minute genau an der Sonne orientiert. Auf meinem Weg zur Arbeit beobachte ich eine Fuchsfamilie. Ich sehe die Füchse immer am gleichen Ort. Wenn die Sonne um zwei Minuten früher aufgeht, sind auch die Füchse um zwei Minuten früher zur Stelle. Im Meer, mit den Langustinen, ist es genau gleich. Sie sind auf die Minute zur Stelle. Ich habe gesehen, wie siebzig Kilogramm Langustinen innerhalb von zehn Minuten gefangen wurden, und wie nicht eine Langustine gefangen wurde, wenn zum falschen Zeitpunkt ausgeworfen wurde. Ich erzähle das, damit Sie verstehen, dass man mit der Genauigkeit der Natur nicht spielt. Man muss wie die Natur sein, wenn man fischen will.«

Während Garnele zu Garnele geworfen wird und Sardine zu Sardine, werden die Gesichter der Männer immer entspannter. Sie haben einen guten Fang gemacht, sie haben eine gute Arbeit geleistet. Von Zeit zu Zeit greift Dominique Cleuziou in eines der Netze oder eine der Kisten und holt einen besonders beeindruckenden Fang heraus. Einmal präsentiert er der Kamera eine Julienne, einen Fisch, der in den tieferen Regionen des Meeres lebt. »Sie haben wir gefangen, als wir an den Schiffswracks vorbeigefahren sind, in denen sie lebt.« Einige der größeren Fische sind Einzelstücke, sie werden nicht in einer Kiste abgelegt, sie sind der Stolz des Tages. Noch während die Verteilung auf die Kisten läuft, werden die ersten größeren Fische schon mit dem Messer ausgenommen und marktfertig gemacht. Die Crew weiß, dass sie die bei der Ankunft im Hafen sofort verkaufen kann.

»Wir machen es mit unseren Mitteln, und die Industrie versucht es mit dem Computer. Ich zähle die Zahl der Wellen innerhalb von zehn Metern. Aus zwei Wellen schließe ich auf eine Höhe der Wellen von zwei Metern in der Tiefe. Da kommt eine, die sich gleich brechen wird, und normalerweise müsste jetzt die nächste kommen. Da ist sie. Bei zwei Wellen schätze ich zwei Meter Wellenhöhe in der Tiefe, sind es drei Wellen, schätze ich drei Meter, und bei vier entspricht es vier Metern. Jedoch außerhalb der Bucht von Concarneau im offenen Meer. Ich schaue, ob das Wasser tanzt. Mit »tanzen« meine ich, dass ich daran erkennen kann, ob ich rausfahren darf oder nicht. Schon bevor ich bei meinem Schiff angekommen bin, ist der Tag in meinem Kopf geplant. Ich habe längst entschieden, wo ich hinfahre, um zu fischen.«

Der Königsfang dieser Tour ist ein gigantischer bretonischer Steinbutt. Cleuziou trägt das Tier extra vor die Kamera und posiert mit ihm. Stolz und Freude sprechen ihm aus der Miene. Der platte Riese ist der teuerste unter den klassischen Speisefischen und einer der edelsten. Die meisten Steinbutte werden heutzutage in französischen Fischfarmen gezüchtet, weil die Nachfrage viel höher ist, als die Meere es hergeben. Täglich sind Flieger Richtung Japan unterwegs, wo sich noch höhere Preise für das Edelprodukt erzielen lassen als in Europa. Für den Flug werden die Tiere beinah tiefgekühlt, aber auch nur fast. Das Wasser ist dann knapp oberhalb des Gefrierpunkts, sodass die Fische zwar starr sind, aber ihr Kreislauf noch funktioniert. Japan nimmt nämlich keine Gefrierware ab. Mit solchen Problemen allerdings muss sich Dominique Cleuziou nicht herumschlagen. Er ist schließlich Bretone, er ist Fischer, und er fängt solche Steinbutte mit einer gewissen Regelmäßigkeit.

»Wir müssen unsere Fangerklärung in ein EU-Logbuch eintragen. Mir gefällt dieses Logbuch nicht. Ich frage mich, warum ich ihnen mein Wissen geben soll. Die Leute, die sich heute für uns interessieren, sind Investoren und Finanziers! Europa ist momentan dabei, die Fischerei komplett zu verändern. Während der letzten zehn Jahre, die ich auf meinem Schiff war, habe ich nie einen Wissenschaftler gesehen. Nachdem wir jetzt die EU haben, suchen uns viele Wissenschaftler auf. Sie wollen unser Wissen, was und wie viel wir pro Tag fischen, was wir im Jahr fischen und was wir verdienen.«

Der Fischfang ist einer der traditionellen Wege der Menschen, sich Nahrung zu besorgen. Fisch ist extrem eiweißreiche Nahrung und einfach zuzubereiten, in den meisten Kulturen waren Menschen in der Lage, ihn zu fangen oder zu züchten, und ihn dann nicht nur sofort zu verzehren, sondern ihn getrocknet oder eingelegt auch zu konservieren. Die Fischerei auf dem Süßwasser war früher entwickelt als jene auf hoher See, sie war technisch auch einfacher zu erledigen. Wer wissen will, wie sich Menschen systematisch die Fischerei auf dem offenen Meer erarbeitet haben, kann sich in vielen afrikanischen oder asiatischen Ländern ansehen, wie die Fischer vor Sonnenaufgang mit hölzernen Kleinbooten hinausfahren. Heute haben die Boote Motoren, aber mit den gleichen Modellen sind ihre Vorfahren über Jahrhunderte hinweg auch aufs Meer hinausgepaddelt. Die Fischerei auf dem Meer war ein lukrativer Beruf, aber auch ein gefährlicher.

»Man teilt das Meer in Zonen und Quadrate auf einer Karte ein. Man definiert die Fangzeit und die Zahl der Fänge pro Tag. Man muss ihnen alle Informationen geben. Ein Quadratmeter entspricht einem gewissen Betrag in Euro pro Jahr. Wenn ein kleines Schiff pro Quadratmeter so und so viel fängt, glauben sie, dass ein großes Schiff das Zehn- oder Hundertfache fängt. Aber das ist falsch.«

In den letzten einhundert Jahren hat die Fischerei die technische Entwicklung genommen, die eine globale Ausbeutung der Fischgründe in allen Binnengewässern wie auf allen Meeren erst möglich machte. Akustische Signaltechnik, Navigation und Kommunikation auf der einen Seite, direkte Verarbeitung auf hoher See auf der anderen

Seite haben den Fischfang zu einem Industriezweig werden lassen, der denen in den anderen Branchen in nichts nachsteht. So hat sich der weltweite Ertrag der Fischerei in der zweiten Hälfte des 20. Jahrhunderts dann auch versechsfacht. Durch das aggressive Vorgehen des Menschen sind allerdings in der Hälfte der ausgewiesenen Meeresfischgründe die Bestände bedrohlich zurückgegangen.

»Mir bleiben noch drei bis vier Jahre, dann werde ich mit meinem Schiff aufhören, und es wird EU-konform zerstört werden. Die EU wird die Zahl der Schiffe verringern und glaubt, das Problem mit weniger, großen Schiffen zu lösen. Ich glaube das nicht. Ich glaube, wir mit unseren kleinen Schiffen, verteilt entlang der Küste, würden die Fischerei besser betreiben können. Wir fischen nicht das ganze Jahr intensiv, ein großes Schiff muss aber das ganze Jahr intensiv fischen, und es käme vielleicht zur vollkommenen Auslöschung des Fischbestandes. So sehe ich das, aber die Zukunft wird es zeigen.«

Seit mehreren hundert Jahren gibt es Fischfarming, das heute meistens unter dem Begriff Aquakultur läuft, der mehr versteckt als offenbart. Diese Art der Zucht nahm ihren Anfang als einfaches Mittel, an Süßwasserfische zu gelangen, statt ihnen an Bachläufen aufzulauern. Seit zwei Jahrzehnten nun nehmen die Aquakulturen mehr und mehr überhand in der weltweiten Fischproduktion. Und in diesen Fischfarmen wächst eine Zukunft heran, die nicht nur unser Essen verändern wird, wie keine Entwicklung vorher. Der Fisch, der nach dem Willen der Nahrungsmittelindustrie in wenigen Jahren schon auf unseren Tellern landen soll, wird das herrschende biologische System auf der Erde völlig neu definieren.

Seit Januar 2002 müssen Einzelhandel und Industrie den Fisch kennzeichnen. Der Fischhändler, der die Filets und die ganzen Fische auf Eis legt, um der Kundschaft zu zeigen, dass bei ihm immer alles kühl und frisch bleibt, muss jede Fischart mit einer Information versehen. Es muss zu lesen stehen, wie der Fisch mit offizieller Handelsbezeichnung heißt und wo der Fang herkommt, also wo er ins Netz des Fischers geraten ist. Dafür stehen die weltweit siebzehn Fanggebiete zur Auswahl, die heißen etwa Nordostatlantik, Mittelmeer oder Pazifischer Ozean. Natürlich ist der letzte Begriff ziemlicher Unsinn, denn er verweist auf das größte der Weltmeere, und kein Mensch kann erkennen, ob der Fisch vor Japan gefangen wurde (eher unwahrscheinlich, wenn es um Fisch in europäischen Läden geht) oder vor Ecuador (das ist schon eher möglich!). Das gilt auch für Krebse und ihre Verwandten sowie für Muscheln. Die Herkunft soll Transparenz schaffen und eine Entscheidung ermöglichen für oder gegen den Kauf, ganz so, wie es bei Gemüse und Obst der Fall sein soll. Wenn der Kabeljau oder Dorsch also mit der Herkunftsbezeichnung Ostsee angeboten wird, kann man davon ausgehen, dass es einer der letzten seiner Spezies ist. Und wenn auf dem Etikett zum Red Snapper Ostatlantik steht, dann kann es gut sein, dass ein EU-Trawler illegal in die senegalesischen Fischgründe eingedrungen ist, um den Fisch und seine Kollegen zu fangen. Den Fisch könnte man dann ja auch mit genau diesem Wissen liegen lassen. Bei Binnenfisch muss »aus Binnenfischerei« draufstehen, dazu noch das Land, in dem er aus dem Wasser geholt worden ist. Wurden der Fisch oder die Garnele in einer Wasserfarm aufgezogen, muss dies mit »gezüchtet in ...« oder »aus Aquakultur« in Kombination mit einer Landesangabe vermerkt sein. Der geräucherte Lachs in Scheiben, der im Supermarkt-Kühlregal à 150 oder 200 Gramm feilgeboten wird, muss genau wie die Kollegin Forelle mit Pfeffer oder der geräucherte Aal ebenfalls diese Kennzeichnungen aufweisen. Ausgenommen von dieser Verordnung sind Zubereitungen wie der Hering in Tomatensauce oder die Shrimps in Knoblauchtunke.

Und Sie denken gerade über Ihren letzten Frischfischkauf nach und erinnern sich deutlich, dass Ihr Fischhändler die oben formulierten Kriterien nicht erfüllt. Das kann hinkommen, denn die Mehrzahl der Gewerbetreibenden in Sachen Fisch halten sich daran nicht oder präsentieren diese Informationen nicht deutlich sichtbar. Mancher Händler pappt die Informationen an eine Wand im Laden, und kein Mensch kann erkennen, dass er sich um seine Informationspflicht überhaupt schert. Die Angestellten eines Supermarktes, der frischen Fisch im Angebot hat, sind von dieser Vorschrift sowieso meist total überfordert. Da kann doch nicht so viel schief gehen, sagen Sie? Kann sein, denn der Fisch aus dem Meer muss nicht unbedingt besser sein als der aus der Fischfarm. Wenn der im Meer gefangene Fisch von einem Trawler auf hoher See gefangen wurde, kann er in miserablem Zustand sein. Und der Artgenosse, der unter halbwegs korrekten Bedingungen, Signalbegriff: Nachhaltigkeit, gezüchtet worden ist, kann fürs Auge und auf dem Teller für große Freude sorgen. Aber würden Sie immer noch so denken, wenn sich ein transgener Fisch im Angebot Ihres Fischladens befinden könnte? Vielleicht ein Lachsfilet, dass von einem Tier stammt, das sechsmal so groß ist wie das Vorbild, das Sie kennen. Denn so könnte die Zukunft aussehen. Die Zukunft der Fischproduktion für unsere Ernährung ohnehin, aber möglicherweise hat der Riesenlachs auch bedeutende Auswirkungen über die Zuchtstationen für unsere Märkte hinaus.

Wie alle Zweige der Nahrungsmittelindustrie hat sich auch die Fischbranche in den letzten zwei Jahrzehnten dramatisch verändert. Die Voraussetzungen dafür haben die Leute geschaffen, die in der Sprache der Wirtschaft Verbraucher genannt werden. Sie haben von Jahr zu Jahr mehr Fisch verbraucht, und sie haben alle Angebote, die ihnen die jeweils neueste Technik präsentierte, dankbar angenommen und das stets höhere Fang- und Ertragsergebnis dem Handel abgekauft. In dieser Zeit steigerten die Flotten ihre Fänge und verlängerten ihre Routen, außerdem verloren Lachs und Shrimps durch massenhafte Zucht ihren Nimbus als Luxusware und wurden zu Discountartikeln. Mehr und mehr sind Fisch und Meeresgetier umkämpfte Handelsware, die um die ganze Welt geflogen wird. Mit allen dazugehörenden Konsequenzen: Die norwegische Fangflotte fischt die Weltmeere leer, um Fischmehl für die Lachszucht zu gewinnen; im ostafrikanischen Viktoriasee ist ein Speisefisch heimisch geworden, der alle anderen Lebewesen dort eliminiert hat; in Südafrika bezahlen chinesische Mafiosi die Diebe der höchst teuren Abalone (in Gramm gerechnet das Kostspieligste aus dem Meer, was man sich überhaupt leisten kann), die dort unter Naturschutz steht, mit Drogen, die so den Weg ins Land hinein finden.

Die Folgen der Fischereipolitik lassen sich in den meisten Fällen recht einfach darstellen. Die Überfischung zum Beispiel hat zahlreiche Arten dezimiert. Der Kabeljau ist das prominenteste Beispiel weltweit.

Seine Bestände im nördlichen Atlantik sind so weit am Ende, dass die fruchtbaren Bestände, nötig um für Nachwuchs zu sorgen, kaum noch für den Erhalt der Art zu sorgen in der Lage sind. Beim Thunfisch sieht es ähnlich dunkel aus, wenigstens bei jenen Arten, die für die Herstellung von Sushi verwendet werden. Die Schwertfischbestände sind in vielen Regionen der Meere so weit unten, dass selbst die USA Schutzmaßnahmen ergriffen haben. Aber bedroht sind nicht nur Meeresbewohner. Der Flussaal ist einerseits so weit überfischt, dass Wissenschaftler die Art als kollabiert bezeichnen. Andererseits werden riesige Bestände Jahr für Jahr auf ihrer Wanderung flussabwärts Richtung Meer in Wasserkraftwerken getötet. Man rechnet mit fünf bis zehn Prozent der wandernden Populationen pro Kraftwerk, wenn also eine Hand voll von Kraftwerken entlang des Flusses auf die dünnen Tiere wartet, dann ist den meisten von ihnen schnell der Garaus gemacht. Die Politik reagiert nur langsam auf solche Szenarien. Die Schutzmaßnahmen für den Kabeljau wurden zwar in den letzten Jahren drastisch herabgefahren, aber diese Reduzierungen entsprechen immer noch nicht der tatsächlichen Katastrophe in den nördlichen Meeren. Außerdem ist der Kabeljau als Beifang immer wieder dabei, wenn Seezunge, Scholle oder Schellfisch gefangen werden. Dann aber wird er als Abfall tot wieder ins Meer geworfen. Die Tendenz geht dahin, dass der Kabeljau bald Geschichte sein oder nur noch in der Fischfarm gezüchtet werden wird.

Die frei gewordenen Räume in den nordeuropäischen Meeren nehmen jetzt langsam andere Fische ein. Vermehrt werden Sardinenpopulationen wahrgenommen, wo über Jahrhunderte hinweg der Kabeljau schwamm; auch die kleinere Verwandte, die Sardelle, wurde schon gesichtet. Das Biologiebuch vermutet Sardine und Sardelle eher im Mittelmeer. Doch prinzipiell ist das nichts so Sensationelles. Denn nicht nur Menschen emigrieren in großer Zahl. Und Wanderungen unter Wasser gibt es und hat es immer gegeben. Die Öffnung und vor allem die ständige Erweiterung des Suez-Kanals hat bis heute zum Beispiel für regelrechte Fluchtbewegungen von Fischen aus dem Roten Meer ins Mittelmeer geführt. Noch hat sie niemand gefragt, warum. Vielleicht gibt es im Meer ja auch ein sensibles Nachrichtensystem, das den Sardinen gesteckt hat, dass sich Mitteleuropa in den letzten Jahren ziemlich konsequent auf mediterrane Küche umgestellt hat.

Die Vereinheitlichung der Nahrungsmittelproduktion in der EU wird die Fischbestände im direkten regionalen Einzugsbereich der Flotten voraussichtlich weiter dezimieren. Die Umstellung von den traditionellen Fischkuttern wie dem von Dominique Cleuziou auf größere Einheiten, die auf hoher See gleich verarbeiten, scheint nur noch eine Frage der Zeit. Vor allem die großen Handelsketten machen hinter den Kulissen mächtig Druck, weil sie nicht länger abhängig sein wollen von Leuten, die die Fischerei mehr als Handwerk denn als Industrie betreiben. Die Zukunft des Fischfangs könnte so aussehen: Ein Einzelhandelsgigant wie der französische Konzern Carrefour, nach der US-Company Wal-Mart der größte auf diesem Gebiet und ebenfalls weltweit vertreten, schickt eigene Trawler aufs Meer, die sowohl europäische als auch nichteuropäische Gewässer ausbeuten. Schon in diesen schwimmenden Fabriken wird die Ware dann für die einzelnen Destinationen handelsfertig vorbereitet. Dort wird dann also für die Filiale in Nordfrankreich, wo Arbeitsplätze heute nur noch Erinnerung sind, anderer Fisch in den Kühlcontainer gepackt als für die Filiale im Speckgürtel von Paris, wo deutlich mehr Geld zu holen ist. Die Ziele, die hinter diesen Plänen stecken, liegen auf der Hand. Die Ausschaltung des Zwischenhandels ist dabei nur einer der Bausteine. Viel wichtiger wäre dabei noch die Kontrolle über den Fischfang.

Der steigende Appetit der Metropolen, vor allem jener, die nicht in Meeresnähe gelegen sind, hat den kaum vergleichbaren Boom beim (Meeres-)Fisch ausgelöst. Waren vor Jahrhunderten reiche europäische Städte flussaufwärts immerhin in der Lage, sich Hering oder Muscheln liefern zu lassen, findet heute jeder Kühlwagen die Fischläden und Fischabteilungen der Supermärkte. Mit dem schlichten Fangen war es da spätestens zu Beginn der neunziger Jahre nicht mehr getan. Das betrifft vor allem die gewachsenen Bedürfnisse in Europa und den USA. Asien hatte da die maritime Fisch- und vor allem Schalentierzucht schon längst im großen Stil etabliert: Seit dem

19. Jahrhundert wird in China und Thailand, in Korea und Vietnam gezüchtet. Unter den zehn führenden Ländern, die Aquakulturen im und am Meer betreiben, befindet sich mit Norwegen nur ein europäisches Land – auf dem zehnten Platz.

Die Aquakultur ist aus der modernen Nahrungsmittelproduktion nicht wegzudenken, solange es einen so großen Hunger nach Fisch gibt. Die Probleme dieser Art der Tierzucht sind dabei ähnlich wie die der Massentierhaltung auf festem Boden. Um darzustellen, was man schon bei der Einrichtung einer Aquakultur alles kaputtmachen kann, ist hier zunächst einmal der Richtlinienkatalog nachzulesen, den der deutsche Biokostring Naturland für seine Mitglieder aufgestellt hat: »Schon bei der Wahl des Standortes und der Bewirtschaftungsform ist nach den Standards der ökologischen Aquakultur umsichtig vorzugehen. Werden neue Aquakulturen angelegt, dürfen die umliegenden Pflanzengesellschaften und Ökosysteme nicht beeinträchtigt werden. Besondere Sorgfalt gilt Ökosystemen, die selten oder gefährdet sind, wie es zum Beispiel bei Streuwiesen oder Mangrovenwäldern der Fall ist. Die Wasserflächen der Bio-Aquakulturen werden so bewirtschaftet, dass ihre natürlichen Funktionen, etwa als Laichgebiet für Amphibien, Wanderweg für Fische oder Rastplatz für Zugvögel, erhalten bleiben. Fisch fressende Vögel werden ausschließlich durch Greifvogelattrappen und andere ungefährliche Maßnahmen von den Zuchtfischen fern gehalten. Die Züchter tragen außerdem dafür Sorge, dass keines ihrer Tiere in die Umgebung entweichen kann.« So viel zu den Fischfarmen, bevor dort der erste Fisch gefüttert wird und sein Futter später verdaut ins Wasser entlassen hat. Im Zweifelsfall muss man davon ausgehen, dass Betriebe, die sich nicht um ökologische Standards scheren, alle oben formulierten Voraussetzungen ignorieren.

Mit dem Kreislauf des Fütterns und Scheißens beginnt der zweite Problemkomplex der Aquakultur. Für ein Kilo Fisch müssen unter konventionellen Bedingungen etwa vier Kilo Fischmehl und Fischöl gefüttert werden. Zumeist handelt es sich dabei um Fisch, der eine bessere Nahrung für den Menschen abgeben würde und aus dem

Meer gefangen auch deutlich besser schmeckt als irgendein Fisch aus der Zucht. Das beste Beispiel dafür ist die extrem fruchtbare und sehr anpassungsfähige Sardine, die leider mehr und mehr zum Futtertier für die norwegischen Zuchtlachse geworden ist. So sind norwegische Trawler gleich in multiplem Auftrag unterwegs. In ihrem Bauch wird Gut von Böse getrennt, der Fisch für die Bratpfannen von jenem, der den eigenen Kollegen am Rand der Fjorde zum Fraß vorgeworfen wird. Und halt nicht als Filet, sondern als Mehl. Neben anderem Speisefisch, der den Trendküchen zu blass erscheint oder um den es nur zu wenige aufgeschriebene Geschichten oder Rezepte gibt, das können der Wittling sein oder der Stintdorsch, fliegt die Sardine gleich in die Mehlproduktion. So bedient die Hochseefabrik gleichzeitig den Produzenten und den Kunden an der Fischtheke.

Der Alltag in den Aquafarmen ähnelt dem in den Ställen. Die Fische sind in Tanks zusammengepfercht. Computer regeln und kontrollieren die Futterzufuhr und das Licht. Um die Fische zu schnellem Wachstum und kontinuierlicher Fortpflanzung zu überreden, kommen Antibiotika zum Einsatz wie auch Medikamente. In der naturfernen Umgebung herrscht Stress für die Tiere, der sie krank macht und der sie dazu bringt, sich gegenseitig zu verletzen. Wie auf den Äckern mit gentechnisch verändertem Mais, auf dem nichts als dieser Mais mehr wächst, wird im Wasser durch Chemie oft alles andere Leben vernichtet, denn agile Kleinstlebewesen könnten den anfälligen Fischen den Garaus machen. In der abgeschlossenen Umgebung leben die Tiere tatsächlich in einem Futter-Scheiße-Kreislauf, denn der abgegebene Mist bleibt sehr lange im Wasser zurück, das nicht so oft gereinigt wird, wie es Hygiene und Gesundheit eigentlich erfordern. Um das Produkt Fisch dann aber verkaufsfertig zu machen, werden die fett gezüchteten Fische vor dem Abtransport wieder auf Diät gesetzt, damit sie das Wasser, in dem sie unterwegs sind, nicht mit ihrer Scheiße verunreinigen. Entsprechend aufgeladen und gestresst kommt der Fisch zu seiner eigenen Schlachtung. Und den Stress essen Sie mit!

Aber die Fischfarmen haben nicht nur Auswirkungen auf das Leben der gezüchteten Fische und die daraus resultierende Qualität des

Essens. Die weitest reichenden Folgen der Aquakultur sind in vielen Regionen Süd- und Südostasien zu spüren. Der bis heute nicht endende Boom bei Shrimps und artverwandten Meerestieren hat viele Küstengegenden verändert, vor allem in Thailand, wo lokale und internationale Investoren in den letzten drei Jahrzehnten viel Geld in die Ausbeutung der Küstengewässer gesteckt haben, oft auch unterstützt von der Weltbank. Die weltweit in Aquakulturen produzierte Menge an Shrimps nähert sich der Grenze von zwei Millionen Tonnen im Jahr, Thailand bringt es davon auf etwa 250.000 Tonnen. Durch das Shrimpsfarming sind dort große Teile der Küste für die industrielle Produktion eingesetzt worden. Das hat vor allem die Mangrovenwälder betroffen, die vor dem Festland im Meer lagen. Quasi ohne Eigentümer am Meer gelegen, haben sich viele Farmen in Thailand ohne weitere Eigentumsrechte dieser Wälder im vermeintlichen No-Mans-Land bemächtigt. Die Mangrovenwälder sind der beste Platz für eine Menge Fischarten, die noch frei im Meer leben, ihre Brut zu pflegen. Durch die industrielle Nutzung und die Abholzung der Küstenregionen sind den traditionellen Fischern Thailands die Jagdgründe ruiniert worden. Auch in Ecuador, neben Brasilien der größte Exporteur von Shrimps außerhalb Asiens, sind den Fischern auf diese Weise schon große Teile des Fischbestandes verloren gegangen, einige Quellen reden von bis zu neunzig Prozent Rückgang im Fischfang. So werden die Lebensgrundlagen der Küstenbevölkerung systematisch zerstört. In den Meeresfarmen wird Nahrung für die reichen Länder geerntet, und ein Arbeitsplatzmotor sind die Kulturen auch nicht. Die Shrimpsfarmen hinterlassen eine gigantische Menge vergifteten Wassers, das täglich ausgetauscht werden muss. Die dreißig Prozent, die jeden Tag jedem Becken neu zugeführt werden müssen, sind nicht nur verschmutzt vom Mist der kleinen Tierchen, sondern auch von dem Rest Futter, den sie ignorieren. Man rechnet mit circa einem Drittel vergeblich eingesetztem Futter. Das ist ein Grund für das schlechte Verhältnis von bis zu viereinhalb Kilo Futter für ein Kilo Shrimpsfleisch. Für das Hinterland haben die Shrimpsfarmen auch dramatische Folgen. Da die Tiere in einer Mischung aus Salz- und Süßwasser gehalten werden, geht abseits der Küste oft der Grundwasserspiegel zurück. In Bangladesch starben bei einer Sturmflut mehr als Tausend Menschen, weil die Mangroven als natürliches Hindernis für das wütende Meer zugunsten von Aquafarmen abgeholzt waren.

Alles, was sich um Fisch und Krustentiere dreht, hat eine der am schnellsten wachsenden Lebensmittelbranchen der Welt geschaffen. Zu den im Moment etwa neunzig Millionen Tonnen Fisch, die das Meer durch den Fang hergibt, kommt ungefähr die Hälfte an Volumen durch die Zucht. Die Vorraussagen, wann sich die beiden Größen angleichen, sind nicht übereinstimmend. Vor allem liegt das an der Unsicherheit, wie sich die Größe entwickelt, die mit dem Fischen zu tun hat. Die meisten Ausblicke sehen zwischen 2030 und 2050 den Zeitpunkt gekommen, wann der Fang- und der Zuchtfisch mengenmäßig auf Augenhöhe liegen. Dafür sind natürlich auf der Seite der Züchter eine ganze Menge Anstrengungen erforderlich. Die simple Erweiterung der Fabrikationsvolumen ist es nicht allein, Sie werden es ahnen.

Eine beinah skurrile Geschichte ist die des Nilbarsches. Der Nilbarsch ist eigentlich kein Barsch, und im Nil hat er früher auch nicht gelebt. Als die Fischbestände in den britischen Kolonien Ostafrikas zurückgingen, wurde der Fisch, den man heute als Viktoriabarsch kennt, im Lake Kiogo ausgesetzt, nilabwärts des Viktoriasees. Das sollte in den fünfziger Jahren gewesen sein, und wahrscheinlich waren es britische Sportfischer, denen die Auswahl an Fischen in den Seen ihrer Kolonien nicht mehr ausgereicht hatte. Es geschah noch am Ende des Jahrzehnts, dass der Viktoriabarsch erstmals in messbaren Stückzahlen im Viktoriasee auftauchte. Der Fisch war groß, einfach zu fangen, und die britischen Kolonialbeamten hielten es für eine gute Idee, noch mehr der Tiere im See auszusetzen, weil sie es leid waren, die Kleinfische konsumieren zu müssen, die der See mittlerweile nur noch hergab. In den sechziger und siebziger Jahren dann, alle Staaten rund um den See, Kenia, Uganda und Tansania, waren längst unabhängig, verhielt sich der sesshaft gewordene Fisch eher ruhig. Noch Ende der Siebziger scheint die Biomasse, die Fisch im Viktoriasee ausgemacht hat, weit unter zehn Prozent gelegen zu haben, um dann Anfang der Achtziger auf circa achtzig Prozent hochzuschnellen. Mittlerweile hat der Viktoriabarsch die Kontrolle über das Leben im See übernommen und steht dort an der Spitze der Nahrungskette. Er hat die 350 einheimischen Fischsorten nahezu eliminiert und das ökologische Gleichgewicht des riesigen Sees, der größer ist als Belgien, die Niederlande und Luxemburg zusammen, komplett ruiniert. Die meisten Viktoriabarsche werden drei bis sechs Kilogramm schwer, aber es sind auch gigantische Exemplare gefangen worden, die über zweihundert Kilogramm schwer waren.

Seit Januar 2004 ist in den USA ein Tier auf dem Markt, das leuchtet. Der GloFish war einmal ein Zebrafisch, bevor er in die Hände der Tierdesigner von Yorktown Technologies in Austin, Texas geraten ist. Jetzt ist er immer noch ein Zebrafisch, aber gekreuzt mit den Genen einer Seeanemone. Während nun der Zebrafisch, der auf der Evolution dahergeschwommen kommt, ein schwarzer und silberner Fisch ist, trägt sein weiterentwickelter Freund einen Gimmick mit sich herum. Er leuchtet nämlich hell, wenn man ihn auch nur ein bisschen mit einer Lichtquelle bescheint. Die Firma in Austin hat ihn gezielt für die Vereinigten Staaten von Amerika entwickelt, weil sie davon ausging, dass dort ein Markt für leuchtende Zierfische besteht.

Der GloFish ist der erste neue Fisch, den das Publikum kaufen kann, aber mit Sicherheit nicht der letzte. Schließlich ist der Markt für Speisefische erheblich größer und lukrativer als jener für Aquarienfische. Die kanadische Firma A/F Protein ist die Speerspitze der Entwicklung und forscht seit Jahren an einem neuen Fisch. Ihr Ziel ist es, einen Lachs zu züchten, der bis zu sechsmal so groß ist wie ein konventionelles Exemplar. A/F Protein will den neu geschaffenen Lachs in den nächsten Jahren in den Verkauf bringen, muss dafür allerdings durch die verschiedenen Zulassungsverfahren weltweit. Bedenken gegen die Züchtung neuer Tiere weist die Firma zurück. Erstens seien die Tiere steril, und zweitens würden sie eingesperrt gehalten, in künstlichen Bassins oder in extra eingerichteten und ausbruchssicheren Küstenzonen im Meer. Beide Sicherheiten sind allerdings trügerisch. Der neue Fisch ist noch in der Probephase, und das Züchtungsziel ist tatsächlich, ihn steril, also fortpflanzungsunfähig zu gestalten. Allerdings gibt es keine Tests über viele Jahre hinweg, die die Sterilität der Fische bestätigen, dafür ist zu viel Geld im Spiel, weshalb es für die forschenden Firmen wichtig ist, die neue Züchtung auf den Markt zu bringen. Die Ausbruchssicherheit ist auch nicht gewährleistet. Es gibt mehrere Beispiele von riesigen Fischpopulationen, die aus gesicherten Umgebungen ausgebrochen sind. Das waren jeweils Aquakulturen, wie jene im US-Bundesstaat Maine, als sich im Dezember 2000 100.000 Lachse darüber freuen konnten, das Weite zu suchen. Da die entkommenen Fische bis zu ihrer Flucht das Kapital der Aquafarm waren, die sie verlassen haben, können wir davon ausgehen, dass die Verantwortlichen der Farm alles dafür getan haben, dass die Lachse nicht entkommen können.

100.000 transgene Lachse, die das Sechsfache der normalen Größe haben und einer Zuchtfarm entkommen, um sich im Meer ein neues Leben zu suchen – das ist eine apokalyptische Aussicht. Denn niemand kann vorhersagen, wie sich die neu designten Tiere, erst einmal in Freiheit gelangt, dort verhalten. Ob sie sich vermehren und wie schnell, oder ob sie die Fischbestände der Ozeane dezimieren, mit dieser Größe gehören sie in jedem Fall zu den Schwergewichten im Kampf um den Aufstieg zur Nahrungskette. Die Firma A/F Protein dürfte übrigens in ihren Bassins mittlerweile schon über eine große Anzahl neuer Lachse verfügen. Sie spricht davon, dass bei ihrer Tochter Aquabounty schon fünfzehn Millionen genmanipulierter Lachseier vorbestellt seien. Für den Fall, dass die internationalen Zulassungen dereinst vorliegen.

Wasser
Virtuelles Wasser & realer Durst

Der Wecker klingelt. Du schälst Dich verschlafen aus dem Bett und setzt Dich auf. Als erstes ein Griff zur Flasche, um den Geschmack der Nacht mit ein paar Schlucken Mineralwasser zu vertreiben. Auf die ersten Schritte folgt das übliche Programm. Kaffeewasser aufsetzen, Toilette, dann unter die Dusche, schließlich Zähne putzen. Für diese vier noch im Nachtschlaf ablaufenden Schritte hast Du vier verschiedene Wasserquellen in Deiner Wohnung, eine über der Spüle in der Küche, eine hinter dem Spülkasten der Toilette, eine über der Dusche und die letzte über dem Wasserbecken im Badezimmer. Das ist Standard in vielen europäischen Ländern.

Der erste Hahn kräht in der Nähe. Die Frau steht auf und weckt ihre Kinder und ihren Gatten. Dann holt sie aus einem Topf einen Brei, der am Abend zuvor bereitet worden ist und serviert ihrer Familie das Frühstück. Aus einem Tonkrug schöpft sie einen Rest Wasser in eine Tasse, aus der alle trinken. Dann schickt sie die Kinder zur Schule. Sie haben Glück, dass es in der nächsten kleinen Stadt eine Schule für alle Jahrgänge gibt. Der Mann zieht los aufs Feld. Er muss dafür beinahe zehn Kilometer zu Fuß gehen. Die Frau macht sich in die entgegengesetzte Richtung auf. Sie muss Wasser holen, und der kleine Fluss, der noch Wasser führt, ist beinahe fünfzehn Kilometer entfernt. Sie setzt sich eine große Blechschüssel auf den Kopf. Wenn diese voll ist, muss sie ein Gewicht von mehr als zwanzig Kilo transportieren.

Die erste Szene spielt in Europa und die zweite, das ist leicht zu erraten, in Afrika. Natürlich gibt es auch andere Gegenden in der Welt, wo es schwer ist, an genügend sauberes Wasser zu kommen, um ein würdiges und gesundes Leben zu führen, wie zum Beispiel in Brasilien. In Sachen Wasser ist das Ungleichgewicht von der Natur vorgegeben. In Europa gibt es Flüsse und Seen, es regnet oft, zu oft, wie wir finden. Wir haben Wasser im Überfluss, dessen Fluten uns regelmäßig zur Schneeschmelze bedrohlich erscheinen. Wir fahren mit Schiffen auf Wasserstraßen, und wir nutzen das Wasser, um Müll zu transportieren, Kraftwerke zu kühlen und bis vor einigen Jahren auch noch, um jeden Samstag die Autos zum Glänzen zu bringen. Drei- oder viertausend Kilometer weiter südlich hingegen sieht es ganz anders aus. Savanne oder Steppe, in Afrika ist der Unterschied zur Wüste nur graduell – von Europa aus betrachtet.

Wasser ist das Lebenselixier schlechthin. Die gängige und leicht vermittelbare Formel lautet: ohne Wasser kein Leben, weder auf der Erde, noch auf dem Mars. Die Suche nach Leben ist zuerst immer die Suche nach Wasser. Kein Mensch, kein Tier, keine Pflanze kann unabhängig vom Wasser existieren. Mehr noch, der Mensch besteht zum größten Teil, nämlich zu etwa siebzig Prozent, aus Wasser, das Gehirn sogar aus achtzig Prozent. Das ist eine schöne Antithese zur menschlichen Hybris, die sich viel darauf einbildet, sich die Erde untertan gemacht zu haben. Auch das am deutlichsten überlegene System kann seine Macht also nicht ohne das Element Wasser ausspielen. Bleibt der Regen aus, vertrocknen das Getreide und das Gemüse noch vor der Ernte. Auch so etwas betrifft normalerweise andere Regionen als die Europas, obwohl der Sommer 2003 mit seinen vielen Sonnenstunden und dem ausbleibenden Regen schon mal eine Ahnung davon vermittelte, was es für die Landwirtschaft bedeutet, wenn sich das Wetter verändert. Die Oberfläche der Erde besteht zu siebzig Prozent aus Wasser, aber davon sind nur drei Prozent nutzbares Süßwasser. Und nutzbar bedeutet vieles, denn das süße Wasser wird nicht nur zum Trinken benutzt. Kein Atomkraftwerk und kein Automobil läuft mit Salzwasser – beide brauchen das kostbare süße Wasser für die Kühlung.

In den meisten Ländern Europas und in Nordamerika gibt es ein flächendeckendes System für die Trinkwasserversorgung. Das Wasser kommt aus dem Hahn, wenn man ihn aufdreht. Manchmal wird er auch mittels eines Sensors oder einer Lichtschranke betätigt. Trinkwasser wird aus dem Uferfiltrat der großen Flüsse gewonnen oder aus Brunnen in großer Tiefe gefördert. Bestes Trinkwasser wird eingesetzt, um die Toiletten zu spülen. Außerdem wird sehr viel Wasser in Flaschen verkauft, Mineralwasser, Quellwasser, Tafelwasser. Von den weltweit siebzig Prozent des Trinkwassers, das in der Landwirtschaft eingesetzt wird, erreicht der überwiegende Teil die Felder in den reichen Ländern der Erde.

Schon so manche Weissagung der letzten Jahrzehnte des vergangenen Jahrhunderts sprach davon, dass die Kriege des 21. Jahrhunderts ums Wasser geführt werden. Es gibt zahlreiche Voraussagen, dass weite Teile der Weltbevölkerung bis zur Mitte des Jahrhunderts unter Trinkwassermangel leiden werden. Es ist die Rede von einem Viertel bis zur Hälfte der Menschheit. Diese Prognosen sind sämtlich in jenen Ländern der Erde erstellt worden, in denen dieser Mangel (noch) nicht herrscht. Alle Diskussionen bauen darauf auf, dass Millionen von Menschen schon heute unter Wassermangel leiden, allerdings steht die Lösung der schon jetzt herrschenden Probleme im Süden der Erde nicht auf dem Programm. Denn die Not trifft bislang nur die Schwachen. Wer sich in so unterschiedlichen Ländern wie Pakistan, Burkina Faso und Brasilien umschaut, hat es leicht, festzustellen, dass sauberes Wasser zum Trinken und zur Bereitung von Nahrung für weite Teile der Bevölkerung keine Selbstverständlichkeit ist. Dieser Mangel an Trinkwasser ist meistens auf eine schlechte Infrastruktur zurückzuführen, wenn Wasser aus Flüssen nicht gereinigt und über ein Leitungssystem zu den Haushalten gebracht wird. Immer mehr Menschen leben in Stadtvierteln, die von der Versorgung durch private Anbieter ausgeschlossen sind, weil sie und ihre Umgebung arm sind. Die Anbieter, meist international agierende Firmen, bieten die Dienstleistung Wasserver- und -entsorgung bevorzugt in wohlhabenden Quartieren an.

Wie alle dunklen Vorhersagen könnte Leuten im mittleren Europa der Blick auf das Wasser als Kriegsgrund reichlich fern vorkommen. Aber die strategische Bedeutung des Erdöls hätte vor hundert Jahren wohl auch niemand erahnen können. Okay, Trinkwasser ist nicht mehr in unendlichem Ausmaß vorhanden. Aber die bislang entwickelten Szenarien sind doch eher hypothetisch. Sie haben Staaten als Protagonisten, die Süßwasser zurückhalten, indem sie Flüsse umleiten und stauen, um so den Nachbarn von dem vermeintlichen Eigentum auszuschließen. Oder andere, die als Meeresanwohner von Katastrophen wie Tsunamis betroffen sind oder sein könnten und mit ihren Menschen ins sichere Hinterland eines Kontinents drängen, das nicht vom Salz-, sondern vom Süßwasser dominiert wird. Konflikte der ersten beschriebenen Art deuteten sich ja auch bereits an, als die Türkei in den letzten Jahren des letzten Jahrhunderts das Wasser des Euphrat staute und Syrien sich um seine einzige zuverlässige Trinkwasserquelle sorgte. Da begann die Frage zunächst bilateral und später international diskutiert zu werden, wessen Eigentum Wasser eigentlich ist, wenn es sich in einem Flussbett talabwärts bewegt. Aber der Krieg findet längst auf anderer Ebene statt.

Im Jahr 2000 unterzeichnete der in San Francisco ansässige Baukonzern Bechtel einen Vertrag mit der damals noch vom Ex-Diktator Hugo Banzer geführten, aber demokratisch gewählten Regierung Boliviens und stieg damit ins Geschäft als Wasserversorger ein. Der Deal drehte sich um das Wasser der Andenstadt Cochabamba, der drittgrößten Stadt des Landes. Bechtel, zuständig für internationale Großprojekte wie den Bau von Tunneln, Staudämmen und Atomkraftwerken, war bis dahin nicht unbedingt als Protagonist in Sachen Wasserversorgung aufgetreten, sondern eher als Dienstleister der Hardware, insbesondere im Staudammbau. In Bolivien nutzte Bechtel nun die Auflagen, die dem bolivianischen Staat von der Weltbank gemacht wurden. Darin ging es um die Privatisierung öffentlicher Bereiche wie eben der Wasserversorgung. Eine Auflage, die zahllosen anderen Staaten in Südamerika, Afrika und Asien auch gemacht worden war. In dem Vertrag für Bechtel war neben dem üblichen Zugriff auf das Angebot von Leistungen rund um Trinkwasserzu- und Abwasserabfuhr auch die Nutzung des Regenwassers geregelt. Den Bewohnern Cochabambas wurde verboten, das Regenwasser zu sammeln und zu benutzen. Den Wasserpreis erhöhte Bechtel mit Beginn des Vertrags auf das Dreifache des bisherigen Preises.

Bechtel wurde 1898 gegründet und ist seither in Familienbesitz. Gegenwärtig ist der Konzern auf Platz sechs der größten Firmen der USA, Firmenchef Riley P. Bechtel gehört zu den fünfzig reichsten Personen der Vereinigten Staaten. Familie und Firma sind eng mit der Republikanischen Partei verbunden. Ein ehemaliger und der aktuelle Verteidigungsminister haben bei Bechtel Geld verdient, Caspar Weinberger und Donald Rumsfeld. Ex-Außenminister George Shultz hatte vor seinem Engagement als Außenminister unter Ronald Reagan Posten bei Bechtel inne und berät die Firma heute wieder. Er wird maßgeblich mitverantwortlich dafür gemacht, dass Bechtel den ersten großen Bauauftrag im kriegszerstörten Irak in Höhe von 680 Millionen Dollar erhielt. Ob und welche Vorteile es für Bechtel bringt, dass der ehemalige zweite Mann im Verteidigungsministerium Paul Wolfowitz nun Chef der Weltbank ist, muss sich noch zeigen. Bechtels Vorreiterrolle bei der Privatisierung des Wassers ist womöglich nicht mehr als ein Testballon gewesen. Bolivien und die Kooperation mit Banzer waren womöglich ein Versuch in eigener Sache, aber auch stellvertretend für andere Konzerne.

In Cochabamba begannen nur kurze Zeit nach In-Kraft-Treten Proteste gegen den Vertrag. Das war im Frühjahr des Jahres 2000. »Das Wasser gehört uns – verdammt!« (El agua es nuestra! Carajo!) lautete die Parole, unter der sich die Einwohner der Stadt versammelten. Wahrscheinlich war Cochabamba für diesen Versuch ausgewählt worden, weil die Stadt einen hohen Anteil an indigener Bevölkerung hat und sowohl die bolivianische Regierung als auch der kalifornische Konzern die Rechnung aufgemacht hatten, dass hier besonders einfach zu agieren sei. Allerdings entwickelte sich aus den Protesten innerhalb einiger Wochen ein Generalstreik, gegen den Polizei und Militär gewaltsam vorgingen. Es gab Tote und zahlreiche Verletzte, gesicherte Zahlen liegen aber nicht vor. Es war die Coordinadora del Agua de Cochabamba, ein Zusammenschluss von Kokabauern, Landwirten, Arbeitern und Studenten, die den Bechtel-Konzern in die Knie zwang. Als Folge daraus entwickelten sich dann auch internationale Proteste, die Regierung wie Bechtel dazu veranlassten, sich aus dem Wasserdeal zurückzuziehen. Wie weit die Einschätzung der Schwäche Cochabambas an der Realität vorbeiging, zeigt auch der Aufstieg von Evo Morales. Der heutige bolivianische Präsident konnte nach den Auseinandersetzungen um die Wasserrechte auf eine sensibilisierte indigene Bevölkerungsschicht bauen, die mit ihren Stimmen den Grundstein legte für seinen Wahlsieg im Dezember 2005.

Ebenfalls im Jahr 2000, im Winter nämlich, also einige Wochen bevor der Vertrag zwischen der bolivianischen Regierung und Bechtel unterzeichnet worden war, trafen sich Regierungen und NGOs in Den Haag zum Weltwasserforum, einer Veranstaltung, die seitdem jährlich stattfindet. Die Nichtregierungsorganisationen hatten an die Regierungen die Forderung gestellt, Wasser und den Zugang dazu zum Menschenrecht zu erklären. Es hätte weit reichende Folgen für die Weltpolitik, wenn der Wasserzugang den gleichen Rang wie zum Beispiel die körperliche Unversehrtheit erhalten würde. Den Haag 2000 wurde zum Synonym für die Chancenlosigkeit der NGOs, denn die Regierungen setzten unter Federführung Europas und Nordamerikas ihre Pläne in die Tat um. Der Beschluss formulierte zwar, dass der Zugang zu sauberem Wasser ein grundlegendes menschliches Bedürfnis sei. Das allerdings hätten die Regierungen auch über Urlaub und Fortbewegung verlauten lassen können. Zu einem Grundrecht erklären wollten sie ihn nicht. Der Zugang zu Wasser als Menschenrecht, verankert in der UN-Menschenrechtscharta, hätte zur Folge haben können, dass Staaten verpflichtet würden, ihre Bürger zu versorgen, oder hätte bedeutenden Quellen den Status gesellschaftlichen Eigentums zugewiesen.

Peter Brabeck-Letmathe, der österreichische Konzernchef von Nestlé, formuliert das Regierungsinteresse deckungsgleich als Interesse der Industrie, wenngleich er hier und da ein wenig weiter voranprescht, als dies ein Regierungsoffizieller tun würde: »Also Wasser ist natürlich das wichtigste Rohmaterial, das wir heute noch auf der Welt haben. Es geht darum, ob wir die normale Wasserversorgung der Bevölkerung privatisieren oder nicht. Und da gibt es zwei verschiedene Anschauungen. Eine Anschauung, extrem würde ich sagen, wird von den NGOs vertreten, die darauf pochen, dass Wasser zu einem öffentlichen Recht erklärt wird. Das heißt, als Mensch sollten Sie einfach das Recht haben, Wasser zu haben. Das ist die eine Extremlösung. Und die andere sagt, Wasser ist ein Lebensmittel. So wie jedes andere Lebensmittel sollte das einen Marktwert haben. Ich persönlich glaube, es ist besser, man gibt einem Lebensmittel einen Wert, sodass wir alle bewusst sind, dass das etwas kostet, und dann versucht man anschließend, dass man für diesen Teil der Bevölkerung, der keinen Zugang zu diesem Wasser hat, etwas spezifischer einzugreifen, und da gibt es ja verschiedene Möglichkeiten ...« Brabeck-Letmathes Worte fassen die Pläne von Nahrungsmittelindustrie und Wassermonopolisten knapp zusammen. Beide wollen mit der Ware Wasser Geld verdienen, und zwischen Mineralwasser auf der einen Seite und kommunalen Versorgungssystemen auf der anderen liegen keine Welten. Denn beide bedienen sich aus denselben Quellen. Nestlé ist der weltweite Marktführer in Wasser, das in Flaschen gefüllt wird. Die Marken Vittel, Perrier und San Pellegrino kennt jedes Kind. Aber auch die in den letzten Jahren aggressiv vertretene Marke Aquarell hat stark an Marktanteilen gewonnen. Dabei ist Aquarell nicht – wie die zuvor genannten Edelmarken es zumindest suggerieren – an eine einzige Quelle gebunden. Nestlé hat hier mehrere preiswerte Quellen zu einer einzigen Marke gemacht, deren Wasser europaweit zu einem recht hohen Preis zu haben ist.

Aber auch aufbereitetes Leitungswasser hat sich weltweit immer mehr durchgesetzt. Nestlé hat vor allem in Ländern, in denen die Wasserversorgung nicht flächendeckend wie in Europa etabliert ist, seine Marke Pure Life etabliert. Pure Life ist noch einmal gereinigtes Material aus der Wasserleitung, angereichert mit ein paar zusätzlichen Mineralien. Coca Cola verkauft in Europa und Südamerika die Leitungswasserzubereitung Bonaqa zu Preisen, die an Luxusware erinnern. Auf dem nordamerikanischen Markt liefern sich Coca Cola und Softdrink-Konkurrent Pepsi einen seit Jahren andauernden Kampf um Absatzprozente. Das Pepsi-Produkt Aquafina wie das Äquivalent Dasani werden von den beiden Konzernen für fast kein Geld aus dem Hahn geholt und dann für ungefähr einen Dollar den Liter an die Kundschaft gebracht. Die Beispiele von Bonaqa, Aquafina und Dasani zeigen am deutlichsten die Diskrepanz zwischen Arm und Reich. Während mehr als eine Milliarde Menschen der Erdbevölkerung keinen Zugang zu sauberem Wasser hat, ist deren reicher Teil bereit, für Leitungswasser in der Form von Tafelwasser den tausendfachen Preis zu bezahlen, nur weil es in der Flasche verkauft wird.

Dabei ist vielerorts die Qualität des Leitungswassers besser als das aus der Flasche. Hier hilft eine Frage, die man sich gelegentlich stellen kann: Würde ich Wasser trinken, das ich selbst in eine Flasche gefüllt, verschraubt und wochenlang im Auto bei unterschiedlichen Temperaturen aufbewahrt hätte? Wohl kaum. Die Gegenfrage ist: Warum überhaupt hält in Flaschen abgefülltes Wasser mitunter relativ lange? Die Kohlensäure macht den Unterschied. Auch unter dem Kürzel E 290 bekannt, ist sie ein wirkender Konservierungsstoff. Mit Kohlensäure versetzt ist Wasser in Flaschen deutlich länger haltbar als ohne.

Natürlich ist Leitungswasser viel billiger als Tafelwasser. Das Wasser aus der Leitung gibt es nur in Kubikmetern zu kaufen, und Kleinabnehmer bekommen diese 1.000 Liter in Deutschland im Schnitt für 1,77 Euro. Für einen halben Liter in der Flasche bezahlen sie bis zu einem Euro, nur weil es ein Tafelwasser ist, in einer schicken Flasche steckt sowie Vertriebs- und Werbekosten verursacht hat. Der Wert der Grundware, für die man einen Euro zahlen muss, liegt bei maximal 0,002 Euro.

Im Jahr 2000 wurden mehr als zwanzig Milliarden Liter Wasser in Flaschen verkauft. Damit hat sich der jährliche Absatz innerhalb von zwanzig Jahren fast verzehnfacht. Und der Verkauf wird in den kommenden Jahren noch weiter ansteigen, so die Prognosen. Als Konsequenz daraus kaufen international agierende Firmen wie Nestlé und Coca Cola zahllose Firmen, Quellen und Naturschutzgebiete auf. Das geschieht kaum mehr in Europa und Nordamerika. Dort sind die Zugewinne für die Konzerne sehr übersichtlich, und die Strategien sind in erster Linie darauf ausgerichtet, die Marktanteile zu halten. Die größten Zuwächse in Sachen Wasser erreichen sie in den letzten Jahren in Südamerika, also konzentrieren sie logischerweise viele Anstrengungen auf den Subkontinent.

Das Vorgehen der Konzerne in den erworbenen Gebieten ist radikal – ähnlich wie das Vorgehen Bechtels im bolivianischen Cochabamba. Ein Naturschutzgebiet, in dem das Quellgebiet eines Flusses liegt, ist Wasserlieferant für alle Menschen, Tiere und Pflanzen, die flussabwärts leben. Doch die Firmen mit ihren Zentralen im Norden der Welt gehen mit dem Wasser eben um wie mit Privateigentum. Das prominenteste Beispiel lieferte Nestlé, als der Konzern 1996 die Gruppe Perrier/Vittel übernahm. Die französische Firma hatte ein Kleinod in ihrem Besitz, den Wasserpark von São Lourenço. Sie hatte dort für ihre Marken abgefüllt und das Ergebnis in Südamerika verkauft. Die Gegend ist in Brasilien auch bekannt als Circuito das Águas, der Wasserkreislauf. Rund um die Quellen waren schon im 19. Jahrhundert kleine Kurorte entstanden. 1998 errichtete Nestlé ein Werk mitten im Wasserpark, um sein schon in Afrika und Asien eingeführtes Produkt Pure Life für den brasilianischen Markt herzustellen. Neue tiefe Brunnen ermöglichten es, Wasser in riesigen Mengen aus dem Boden zu holen, die Nestlé für sein Produkt und den großen brasilianischen Markt vorgesehen hatte. Die Folgen der Bohrungen waren, dass erstens eine der Quellen austrocknete und zweitens anderes Wasser, das Nestlé in sehr großer Tiefe gefördert hatte, beinah frei von Mineralien, nach oben gepumpt wurde. Das Unternehmen hatte das Wasser für die Flaschenabfüllung viel zu schnell aus dem Boden geholt und nicht die Zeit berücksichtigt, die Wasser braucht, um sich in der Tiefe die Mineralien aus dem Boden zu holen. Wir reden hier vom Unterschied zwischen »jungem Wasser« und »reifem Wasser«. Nestlé konnte das gleichgültig sein, denn Pure Life wird ohnehin international synchronisiert mit immer gleichem Geschmack und der gleichen Beigabe an Mineralien als Tafelwasser verkauft. Allerdings veränderte, sprich verschlechterte sich das noch sprudelnde Wasser für alle anderen Beteiligten.

Ein weiteres Beispiel für den rücksichtslosen Umgang mit Wasser in einem Land, in dem der Zugang dazu nicht für alle Menschen selbstverständlich ist, wurde durch einen spektakulären Prozess in aller Welt bekannt. Coca Cola ignorierte in Plachimada im indischen Bezirk Palakkat die Auflagen der Behörden und pumpte weitaus mehr Wasser in die eigene Anlage, als es dem Konzern eigentlich erlaubt war. Die 1,5 Millionen Liter, die für die Produktion von insgesamt sieben Softdrinks eingesetzt wurden, drehten der ganzen Region buchstäblich das Wasser ab, nämlich das Grundwasser, das beträchtlich sank. Dass das in einer Gegend geschah, in der mit Reis ein wasserintensives Grundnahrungsmittel angebaut wird, verschärfte die Lage schnell. Aus einer kleinen Bewegung betroffener Frauen wurde in kürzester Zeit eine große Allianz. Angesichts des politischen Drucks versuchte Coca Cola, den Vorsitzenden des lokalen Stadtrates zu bestechen, aber der machte das öffentlich. Eine Klage vor dem regionalen Gericht hatte schließlich zur Folge, dass der Softdrinkmischer Plachimada verlassen musste. Das Urteil ist zunächst einmal keine schlechte Sache. Aber Fakt bleibt, dass allein Coca Cola mehr als fünfzig Fabriken in Indien unterhält und zwar der größte, aber nicht der einzige Produzent dieser Art ist. Für einen Liter des gleichnamigen Produkts werden in der Produktion neun Liter Wasser benötigt, es wird beim Produktionsprozess der Limonade eben auch Wasser verkocht oder für die Reinigung verbraucht.

Das Vorgehen Nestlés in São Lourenço und Coca Colas in Plachimada zeigt die Probleme, die sich ergeben, wenn Wasser zur Handelsware wird. Die für das 21. Jahrhundert zum Kriegsgrund erhobene Situation von um- und abgeleiteten Flüssen, die Länder und Gegenden nicht mehr erreichen, die sie einst bewässerten, ist unter anderen Voraussetzungen schon längst eingetreten. Es sind aber nicht Staaten, die so agieren, sondern Konzerne, und es erscheint sehr wahrscheinlich, dass die Jagd nach frischem Wasser so weitergehen wird, wie vom Nestlé-Konzernchef skizziert. Tritt das ein, geriete Wasser in naher Zukunft für immer mehr Menschen außer Reichweite.

Das bedrohlichste Szenario auf der Basis weitestgehend privatisierten Wassereigentums wird bislang aber noch gar nicht diskutiert. Peter Brabeck-Letmathe spricht im Namen von Nestlé, aber auch im Namen anderer interessierter Konzerne, von der Notwendigkeit des Marktwertes von Wasser als einem Lebensmittel unter anderen. Wenn man sich die persönliche Geschichte des Nestlé-Chefs ansieht, dann wird die Bedeutung klar, die Wasser bald als Mittel in der politischen Auseinandersetzung haben könnte. Brabeck-Letmathe war als National Sales Manager für Nestlé in Chile verantwortlich, als die Regierung Allende beschloss, den Schulkindern des Landes täglich einen halben Liter Milch auf Staatskosten zu geben. Obwohl der chilenische Staat das Geld für diesen Schritt in der Kasse hatte, weigerte sich die lokale Niederlassung des Schweizer Nahrungsmittelkonzerns Nestlé auf Befehl der Schweizer Konzernspitze, die Milch zu verkaufen. Nestlé war zu jener Zeit quasi Monopolist in Sachen Milch in dem südamerikanischen Land. Ohne die Kooperation, die prinzipiell dem Geschäftsziel des Konzerns entsprach, nämlich Waren zu verkaufen, konnte Allende, der Kinderarzt, dieses Regierungsziel nicht durchsetzen. Das widerspricht dem Einmaleins des Händlers, also müssen in der Chefetage der Firma bessere Angebote vorgelegen haben – eben um nicht zu verkaufen. Politisches Handeln dieser Fasson wird immer wahrscheinlicher in einer Welt, in der Auseinandersetzungen nicht notwendigerweise mit klassischen Waffen ausgefochten werden. So erscheint nach der Art der Geschichte um die Milch in Chile auch eine Konstellation vorstellbar, in der ein Wassermonopolist seine Ware für ein Land zurückhält. Der Monopolist ist schließlich nicht dem Staat verpflichtet, außer durch einen Vertrag. Aber was ist schon ein Vertrag? Wenn eine politische Konstellation entsteht, wie sie im Falle Chile vs. Nestlé existierte, dann kann ein Konzern in Zukunft einem Staat das Wasser abdrehen. Die Szenarien hierfür liegen auf der Hand. Die Verschärfung der Situation auf dem internationalen Wassermarkt ist nicht nur den großen Hungrigen unter den Weltkonzernen mit den bekannten Namen allein geschuldet. Die Staaten der Europäischen Union haben einen genauso großen Beitrag dazu geleistet, dass Wasser heute nicht als Menschenrecht gilt, und dazu, dass auch in den armen Staaten des Südens immer mehr Geld für den Stoff bezahlt werden muss. Von Europa aus agieren die ehemaligen regionalen Versorger heute als Wassermultis weltweit. Die drei größten Konzerne in der Wasserwirtschaft sind aus solchen Akteuren in Frankreich und Deutschland hervorgegangen, die bis in die neunziger Jahre hinein oft für Strom, Gas und Wasser zuständig waren. Suez, Vivendi und das deutsche Unternehmen RWE-Thames Water, das freilich die Sparte Wasser wieder zu veräußern versucht, herrschen heute weltweit über mehr als drei Viertel des Marktes, der sich um kommunale, regionale und nationale Wasserver- und Abwasserentsorgung dreht. Im Unterschied zu den meisten Anbietern in Europa blieben die französischen Firmen

im 19. Jahrhundert privatisiert, was ihnen einen enormen Wissensvorsprung gegeben hat, als die Wasserfrage international wurde.
Suez ist in mehr als 130 Ländern aktiv. Der Name geht tatsächlich auf den Bau des Suez-Kanals zurück, den das Unternehmen miterledigt hat. Nach der Deregulierung der europäischen Märkte stärkte sich Suez zuerst in den Nachbarländern, bevor andere Länder und Kontinente das Ziel wurden. Dabei kaufte der Konzern auf der einen Seite rentable Firmen auf, viele in den USA, auf der anderen Seite wurden Verträge mit möglichst großen Städten weltweit geschlossen, aber auch mit ganzen Staaten. So kontrolliert die Suez-Tochter Ondeo heute die Wasserversorgung von Puerto Rico und der chinesischen Millionenstadt Tschungking. Und die der bolivianischen Hauptstadt La Paz. Ondeo hatte trotz eines internationalen Kredits von vierzig Millionen US-Dollar für den Aufbau des Wassersystems nicht genügend finanzielle Anreize vorgefunden, die Wasserversorgung auch auf die Stadtteile der Armen auszuweiten. In den Genuss der angebotenen Dienstleistungen kommen lediglich die Quartiere der Reichen.

Auch in Deutschland hat sich der Konzern umgesehen. Typisch für das Verhalten von Suez-Ondeo war das Auftreten in Potsdam. Ende 1997 stimmten die Potsdamer Stadtverordneten der Teilprivatisierung ihrer Wasserwirtschaft zu, um mit den Geldern Haushaltslöcher zu stopfen. 49 Prozent der Wasserbetriebe wurden an die Suez-Tochter Eurawasser verkauft, mit der Erwartung, die Wasserpreise für die Verbraucher würden sinken und die Kommunen könnten Kosten sparen. Doch statt die Gebühren zu senken, verdoppelte Eurawasser die Preise innerhalb von zwei Jahren. Zwei Jahre nach dem Deal trennte sich die Stadt Potsdam von Eurawasser, was die Kommune eine nicht bekannte Summe kostete, weil das Wasserunternehmen eine Abfindung erhielt, über deren Höhe sich die Stadt ausschwieg. Eine ähnlich große Stadt in einem ärmeren Land wäre von der Weltbank in einem ähnlichen Fall möglicherweise mithilfe der eigenen Regierung überredet worden, den Vertrag zu erfüllen.

Die Geschichte von Vivendi ist spannender zu erzählen. Der Konzern ist auch deshalb aus dem Dunkel des öffentlichen Desinteresses getreten, weil der damalige Konzernchef die Möglichkeiten des so genannten Neuen Marktes überschätzte und aus Vivendi unter dem Namen Vivendi Universal den größten Mischkonzern der Erde machen wollte, der vor allem in den Sparten Wasser und Medien Geld machen sollte. Interessant an der Strategie war, dass die Einkäufe, wie der TV-Sender Canal+, die Filmcompany Universal samt deren Mutter Seagram und andere Firmen aus den Bereichen Telekommunikation und Energie sämtlich mit den Gewinnen aus der Unternehmenssparte Wasser bezahlt werden konnten. Nachdem die Strategie ständigen Wachstums geplatzt war und die Mediensparte zerschlagen und verkauft war, konzentrierte sich Vivendi wieder auf das Kerngeschäft. Der zweite Bereich, in dem die Franzosen heute noch aggressiv auf dem Markt auftreten, ist der Regionalverkehr. Unter dem Namen Connex gehören ihnen lokale Bahn- und Busunternehmen in Europa. Nach der Rückkehr zum Wassergeschäft war Vivendis am meisten diskutierter Coup die Übernahme der Wasserversorgung der kenianischen Hauptstadt Nairobi. Außer einem Abrechnungssystem wollte der Konzern keinerlei Leistungen erbringen, um 150 Millionen Euro zu verbuchen, nicht einmal zur Unterhaltung des Leitungsnetzes. Erst öffentlicher Druck, aus Kenia wie aus dem Ausland, bewog Vivendi, in beinah hundert Ländern der Erde vertreten, zu inhaltlichen Verhandlungen mit der Stadt.

Der drittgrößte Spieler auf dem Gebiet ist RWE-Thames Water. Der nordrhein-westfälische Konzern RWE (Rheinisch Westfälische Elektrizitätswerke) hatte Energie, Entsorgung und Wasser auf der Agenda, als er in den Neunzigern privatisiert wurde. Mit der Übernahme von Thames Water, das die Region London mit Wasser versorgt, wurde aus dem Großunternehmen ein Global Player, denn mit den Einnahmen aus London besorgte sich der neue Konzern sofort weltweite Konzessionen. Alle drei Konzerne, Suez, Vivendi und RWE-Thames Water, sind durch Korruptionsaffären international aufgefallen. RWE-Thames Water ist mittlerweile bestrebt, seine Wassersparte zu veräußern, weil sich die Pläne, Strom, Wasser und andere Güter, die an private Haushalte geliefert werden, in ein einheitliches System von Ablesen und Abrechnen zu integrieren, als schwierig herausgestellt haben. Suez und Vivendi haben mittlerweile eine neue Strategie formuliert: Es lohne sich nicht, in schwachen Strukturen wie zum Beispiel den afrikanischen präsent zu sein, weil die Gewinne zu klein seien. Für solche Aufgaben erwarten sie in Zukunft den Zugang zu den Töpfen der Entwicklungshilfe.

Als Vivendi Anfang des Jahrzehnts am Boden lag und zu zerbrechen drohte, gab es Angebote, unter anderem aus Deutschland von RWE-Thames Water, den Wasserbereich zu übernehmen. Staatspräsident Chirac ließ persönlich verlauten, dass ein Verkauf nicht in Frage käme, da die französische Wasserversorgung unter allen Umständen in französischer Hand bleiben solle. Er sagte das in Zeiten, in denen arme Staaten von der Weltbank und der Welthandelsorganisation dazu gezwungen werden, alle Dienstleistungen international auszuschreiben, ganz ungestraft.

Ein relativ neuer Begriff bestimmt in den letzten Jahren mehr und mehr die internationale Diskussion um den Verbrauch des wichtigsten Überlebensmittels: virtuelles Wasser. Während ein Mensch für elementare Bedürfnisse etwa vier Liter Wasser täglich benötigt, wird viel mehr Wasser aufgewendet, um seine Nahrung herzustellen. Die Rechnungen bewegen sich zurzeit zwischen 2.000 und 5.000 Liter pro Tag und Mensch. Dabei sind die meisten europäischen Länder, darunter auch Deutschland, Importeure von so genanntem virtuellem Wasser, so der Terminus. Virtuelles Wasser bezeichnet den Verbrauch für jeden einzelnen Menschen und berücksichtigt dabei die Sojapflanze, die für die Zucht von Fleisch in Deutschland auf brasilianischem Boden wächst, wie auch den importierten Reis aus Vietnam, die Ananas aus Costa Rica und die Bohne aus Kenia. Die Bilanz dieser Rechnung ist, dass Länder, in denen es an Wasser mangelt, auf diesem Weg ihr blaues Gold nach Europa exportieren, ohne dafür angemessen entschädigt zu werden.

Kapitel VII

Hungern
Cash Crops, Subsistenz & Hungertod

Hunger ist der Zustand, in den Menschen fallen, die permanent zu wenig zu essen haben. Wer nicht relativ schnell stirbt am Hunger, verliert dafür alle Fähigkeiten, die sein soziales Leben ausmachen. Die körperliche Schwäche, die Angst vor anhaltendem Hunger, die Unfähigkeit zu arbeiten und sich und die Familie zu erhalten, kein Sexualleben, die Gefahr der Erblindung, nachlassender und schließlich fehlender Schutz gegen Infektionen – das alles steckt in dem Begriff Hunger. Etwa ein Siebtel der Menschen, die derzeit auf der Erde leben, haben nicht genug zu essen und gelten als permanent vom Hunger betroffen. Alle fünf Sekunden stirbt ein Kind unter zehn Jahren, weil seine Familie nicht in der Lage ist, es zu ernähren.

Als im Juli 2005 internationaler Alarm gegeben wurde, war es eigentlich schon viel zu spät. Im westafrikanischen Staat Niger gab es für die knapp zwölf Millionen Menschen nicht mehr genügend Nahrung. Die Gründe dafür waren vielfältig. Im Jahr 2004 hatte es im Westen und Nordwesten des afrikanischen Kontinents Heuschreckenüberfälle von geradezu biblischem Format gegeben. Die hungrigen Tiere hatten sich über die Felder des Subkontinents hergemacht und alles weggefressen, was ihnen gerade noch genießbar erschien. Im Juli 2005 wurden die Folgen für die Welt sichtbar. Vor allem im Westen des riesigen Sahel-Landes waren viele Menschen schon seit langer Zeit ohne ausreichende Nahrung geblieben. Langsam liefen die üblichen Hilfsaktionen an, begleitet von den internationalen TV-Kameras. Die übertrugen die hinlänglich bekannten Bilder aus den Zelten der großen Organisationen. Unterernährte Babies und Kleinkinder, dem Tod näher als dem Leben, in den Armen ihrer Mütter; Getreidesäcke, die aus Flugzeugen heraus auf LKWs geladen werden; Ärzte und Hilfspersonal im Interview, erklärend, was alles getan wird und warum. So sieht Hunger aus.

Die Katastrophe im Niger entspricht genau dem Bild, das sich Europa vom Hunger in Afrika oder in anderen Erdteilen macht. Ein ohnehin schon armes Land wird heimgesucht von einer außerordentlichen

Plage. Das kann mal eine extreme Dürre sein, wahlweise aber auch eine unkontrollierbare Überschwemmung, ein Bürgerkrieg oder – wie im geschilderten Fall – der Appetit von Milliarden von Heuschrecken, die ganz einfach früher Zugang zu der Mahlzeit hatten als die Menschen. Dazu kommt oft die Unfähigkeit einer Regierung, die sich entweder gar nicht um die Bevölkerung kümmert oder der es peinlich ist, einen international wahrnehmbaren Hilferuf auszusenden. Im Niger kam beides zusammen, anders als im Nachbarland Mali, wo die Regierung frühzeitig signalisiert hatte, dass spätestens Mitte 2005 eine arge Not herrschen würde im Land, wenn nicht Nahrung von außen käme.

So hat die Welt den Hunger kennen gelernt, in den siebziger und achtziger Jahren, als Bangladesch oder Äthiopien Synonyme für verhungernde Kinder wurden. So etwas kann man nicht verhindern, man kann aber die Not lindern, indem man rechtzeitig vor Ort ist und den Armen gibt, was ihnen kurzfristig hilft, nämlich eine Schale Getreide. Auf den Säcken steht medienwirksam EU oder USA zu lesen, damit die ganze Welt lernt, wer hier christlich teilt mit den Bedürftigen. Das ist der Hunger, den wir kennen, der Hunger, mit dem wir uns konfrontieren, der Hunger, der unvermeidlich ist. Die Welt ist halt nicht gerecht.

Der Fachterminus für den beschriebenen Fall heißt »konjunktureller Hunger«, aber so sieht Hunger abseits der Kameras meistens nicht aus: Was dort Tag für Tag in weiten Teilen der Welt herrscht und worüber kaum berichtet wird, ist der »strukturelle Hunger«. Im Niger hat eine unerwartete Katastrophe so viele Menschen in Not gebracht, dass selbst europäische und US-Medien darüber berichtet haben. Eine komplett verantwortungslos handelnde, besser: nicht handelnde Regierung hatte einen großen Teil der Bevölkerung dem kollektiven Hungertod preisgegeben, was über die Hilfsorganisationen und deren Hauptquartiere an die Weltöffentlichkeit weitergegeben wurde. Und dann lief die koordinierte Hilfe an, gegen den Willen der Regierung in Niamey. Die vielen Menschen im Niger haben gehungert im Sommer 2005, aber diese Katastrophe war absolut nicht typisch für die Situation, in der hungernde Menschen leben. Hier drohten viele Zehntausend auf einmal und in einer Region zugrunde zu gehen. Und erst dieser Hunger im Niger wurde vom Westen als Katastrophe wahrgenommen.

Die Zahl der Menschen, die permanent unter Hunger leiden, bewegt sich auf eine Milliarde zu. Im Jahr 2004 waren es schon 842 Millionen, Tendenz steigend. Sehr viele Menschen sterben am Hunger, ohne zu »verhungern«. Permanentes Fehlen von Nahrung führt zu einer ganzen Reihe von Krankheiten, die tödlich verlaufen können. Aber Hunger hat auch noch andere Konsequenzen: »Was man bei Hunger nie eigentlich einbezieht«, sagt Jean Ziegler, »sind zwei Sachen. Der Hunger hat physische, psychologische, fürchterliche Konsequenzen, das weiß jedermann, die ausgehungerten Kinder aus Somalia, aus dem Sudan, das sieht man im Fernsehen. Was man nicht sieht, das ist die Angst, die tägliche Angst vor dem nächsten Tag. In Brasilien gibt es einen Brauch, der ganz konkret ist, bei den Müttern von Nordostbrasilien, aus den Elendsstaaten im Nordosten des Landes. Wenn die Kinder vor Hunger weinen am Abend in den Kanisterstädten, dann stellt die Mutter eine Pfanne mit Wasser auf den Herd, legt Steine herein, und dann kochen diese Steine, und die Mutter sagt, ›wartet, wartet, das Essen ist gleich bereit‹ und hofft, dass in der Zwischenzeit die hungernden Kinder einschlafen und mit Weinen aufgehört haben. Das passiert jeden Tag, in tausendfacher Wiederholung, heute in Pernambuco, in Alagoas, in Rezife, im ganzen vom Elend geschlagenen Nordosten Brasiliens.« Viele Schätzungen gehen davon aus, dass in Brasilien ein Zehntel der Bevölkerung hungert. Das sind mehr als siebzehn Millionen Menschen. Österreich hat acht Millionen Einwohner. 1999 sind weltweit dreißig Millionen Menschen verhungert.

In Afrika sind es vor allem die Bauern, die hungern, aber auch in Asien, wo die Zahl der Menschen, die vom Hunger betroffen sind, weit über einer halben Milliarde liegt. Darin liegt eine besondere Perversion, denn es waren immer und in allen Gegenden der Welt die Bauern, die ihre Umgebung ernährt haben. Manche wurden sogar reich. Aber in den letzten Jahrzehnten sind es mehr und mehr diese Bauern, die leiden. Sie können nicht nur nicht mehr für den

Verkauf produzieren, sie können in sehr vielen Fällen nicht einmal mehr ihre eigenen Familien ernähren.

Hunger hat es immer gegeben. Und überall. In Deutschland, aber auch in anderen europäischen Ländern verhungerten in der zweiten Hälfte des 19. Jahrhunderts Millionen von Menschen, weil die Kartoffelpest ihnen das wichtigste Lebensmittel genommen hatte. Mit den Techniken, die seit dem Ende des 19. Jahrhunderts erfunden wurden, veränderte sich alles, vor allem durch Landmaschinen, mit denen weitaus mehr Land bearbeitet werden konnte als mit Pferd oder Esel, und durch Düngung, ohne die ein Boden normalerweise nicht das leistet, was die Menschen von ihm erwarten. Vor etwas mehr als hundert Jahren standen erstmals in der Geschichte künstliche Dünger zur Verfügung. Der World Food Report, der jährlich von der Welternährungsorganisation herausgegebene Lagebericht zur Ernährung auf der Erde, hat für das Jahr 2004 festgestellt, dass beim heutigen Stand der Landwirtschaft mit deren Erträgen zwölf Milliarden Menschen ernährt werden könnten. Also genau doppelt so viele, wie gegenwärtig auf der Erde leben. Es ist also genug zu essen da für alle, es wird nur nicht so verteilt, dass alle Menschen etwas davon kriegen. Jean Ziegler zieht daraus den Schluss, dass ein Kind, das heute an Hunger stirbt, ermordet wird.

Hunger hat je nach Land für die betroffenen Menschen ein anderes Gesicht. Es gibt arme Länder, in denen verhältnismäßig wenige Menschen hungern, wie zum Beispiel das westafrikanische Mali, in dem sich die gewählte Regierung ernsthaft um das Wohl der Leute kümmert. Auch in dem laut internationalen Statistiken zur Zeit ärmsten Land der Welt, dem westafrikanischen Sierra Leone, leiden im Vergleich zur Gesamtzahl der Bevölkerung nicht die meisten Menschen am Hunger. Im kleinen Sierra Leone ist nämlich die UNO mit der bislang aufwändigsten Mission ihrer Geschichte unterwegs, um den nach einem guten Jahrzehnt Bürgerkrieg völlig zerschossenen Staat wieder aufzubauen.

Aber der Hunger ist kein Phänomen jener Länder, die als arm gelten. Das Bild des Hungers ist weitaus vielfältiger. Brasilien ist eines der mächtigsten Agrarländer der Erde. Auf dem Boden des südamerikanischen Landes leben mehr Rinder als in jedem anderen Staat. Brasilien produziert neben vielen anderen Agrarprodukten mehr als hundert Millionen Tonnen Getreide im Jahr. Somit kommen auf jeden einzelnen der etwa 180 Millionen brasilianischen Köpfe mehr als eine halbe Tonne Getreide pro Jahr. Leider wird der überwiegende Teil dieser unglaublichen Menge aber exportiert, also kommt das Getreide bei den Menschen, die es dringend brauchen, gar nicht erst an. Die Statistik der brasilianischen Regierung weist 44 Millionen Menschen aus, die permanent schwerst unterernährt sind, und unter der Hand wird schon einmal die Zahl fünfzig Millionen genannt. Das sind mehr Menschen als die allermeisten Mitgliedsstaaten der UNO überhaupt Einwohner haben. Damit ist ein so reiches Land wie Brasilien eines der Länder, die vom Hunger am heftigsten betroffen sind. Besser: Es sind die Menschen, die dort leben und nichts zu essen haben. Und auch das ist eine Frage der Verteilung.

Der Hunger auf der Erde hat in fast allen Fällen mit der Nahrung zu tun, die für Europa und die anderen reichen Länder produziert wird. Der Zusammenhang lässt sich jeweils ganz einfach aufzeigen. Wer in Mitteleuropa Bananen oder Kaffee kauft, klassische Kolonialwaren mithin, weiß, dass er dafür keinen fairen Preis bezahlt. Die Arbeit der Bauern in Mittelamerika oder Ostafrika wird so schlecht entlohnt, damit die Ware hier nicht zu teuer angeboten werden muss. Regelmäßig sorgen die Zwischenhändler für Getreide, Kaffee oder Kakao dafür, dass die Weltmarktpreise zusammenbrechen, um die Anhängigkeit der produzierenden Länder zu zementieren. Der Preis für eine Tasse Kaffee in der hiesigen Gastronomie kommt einer Verschwörung gleich, weil diejenigen, die den Kaffee angebaut, gehegt und geerntet haben, von den zwei Euro wohl nicht einmal einen hundertstel Cent erhalten.

Kakao ist ein gutes Beispiel für die Kolonialwaren klassischen Zuschnitts. In den Ländern in Äquatornähe besteht kein überragend großer Bedarf an Kakao, für Schokolade ist es in der Elfenbeinküste, in Malaysia oder in Ghana ganz einfach zu warm, ohnehin gibt es dort so gut wie keine Fabrikationsstätten, weil die großen Konzerne in den allermeisten Fällen nicht dort fertigen wollen, wo geerntet wird. So vermeiden sie, dass einzelne Standorte strukturell zu stark werden. Im westafrikanischen Ghana wurde Kakao nach dem Zweiten Weltkrieg zur bestimmenden Exportware, zum »Cash Crop« Nummer eins. Das seit 1957 unabhängige Land war in den sechziger und siebziger Jahren der bedeutendste Kakaoproduzent weltweit. Nun besitzt Kakao eine Eigenschaft, die für die Kleinbauernfamilie, die sich in der Subsistenzwirtschaft ernährt, ideal ist. Er wächst nicht auf dem Feld, sondern lässt sich in feucht-heißen niederen Waldgebieten ziehen, die im südlichen Ghana weit verbreitet sind. Keine Familie muss also auf die Nahrung verzichten, die sie für sich auf dem Feld anbaut. Das unterscheidet Kakao von vielen anderen Cash Crops, wie zum Beispiel Baumwolle oder grünen Bohnen, die die Bauern dazu zwingen, auf den Anbau für die eigene Ernährung zu verzichten, um für die reichen Länder zu produzieren.

Trotzdem war der Kakao die wesentliche Ursache für Ghanas wirtschaftlichen Untergang in den siebziger Jahren. Als der Preis international absackte, traf das die ghanaische Wirtschaft in einer Situation, in der sie sich mit Haut und Haaren dem Verkauf der kleinen Bohne verschrieben hatte. Mehr als die Hälfte der Devisen erwirtschaftete man dort über Jahre hinweg mit dem Kakao. Und natürlich waren auch die Kleinökonomien der Kakao anbauenden Familien betroffen. Der Preisverfall war auch deshalb für Ghana und seine Wirtschaft so eine Katastrophe, weil in vielen Gegenden des Landes annähernd jede Familie den Kakaoanbau betrieben hatte. Dreißig Jahre später erst hat sich die ghanaische Wirtschaft langsam von dem Schock erholt.

Die Menschen, die an der weltweit agierenden Nahrungsmittelindustrie sterben, erleiden sehr viele verschiedene Tode. Kleine Kinder in vielen armen Ländern sterben an Durchfall, weil sie in schmutzigem Wasser aufgelöstes Milchpulver trinken. Das Geschäft mit dem Milchpulver erscheint auf den ersten Blick marginal und wird auch in den Statistiken von Nestlé niemals als bedeutender Faktor auftauchen. Auf der anderen Seite gibt es aber durchaus einen Grund, warum der Konzern nicht von dem Geschäft mit dem Milchpulver lässt. In Gesellschaften, in denen weitaus weniger Geld zirkuliert als in den

Ländern Europas, konzentrieren sich die Weltkonzerne auf wenige Produkte, die mit einem überschaubaren Aufwand an Werbung in der Diskussion zu halten sind: auf Seife, auf Softdrinks, auf Bier und eben auf Milchprodukte. Und wenn eine Familie nicht viel Bargeld besitzt, dann wird sie das wenige ausgeben zum Wohl der eigenen Kinder.

Bauernfamilien in Afrika, aber auch in der Karibik, wird die Lebensgrundlage durch billiges europäisches Gemüse und durch subventionierte Fleischexporte genommen. Es ist in vielen afrikanischen Gesellschaften nicht so einfach, an Bargeld zu kommen. Viele Bauern produzieren Getreide, Gemüse und Obst für die eigene Familie, verkaufen die besten Stücke aber auf dem nächstgelegenen Markt oder in der nächsten Metropole, selbst wenn das bedeutet, für einen Markttag einen ganzen Tag hin und auch einen ganzen Tag zurück unterwegs sein zu müssen. Wenn EU-Gemüse aus Überschüssen billigst auf den großen Märkten der so genannten Partnerstaaten der AKP-Verträge abgeladen wird, dann kann der Bauer oder die Bäuerin die Tomaten und Kartoffeln nicht mehr verkaufen und hat nach dem Markttag nicht mehr, sondern weniger Bargeld in der Tasche. Denn Transport ist teuer, und die Reise in die Stadt zum überregionalen Markt muss mit Bargeld bezahlt werden. Die Familie aber, selbst wenn sie sich gerade ernähren kann durch das von eigener Hand Angebaute, selbst wenn sie auf kommunalem Grund in einem Haus wohnt, für das sie nicht bezahlen muss, selbst wenn sie wichtige Dinge eintauscht wie Milch, dann ist sie dennoch in einer Situation, in der es zum Leben nicht reicht. Die Schule für die Kinder muss bezahlt werden, die Kleidung und alles, was man nicht selbst produziert. Eine Generation junger Männer, die erkennt, dass sie so nicht leben oder überleben will, wird das Weite suchen und versuchen, unter allen Umständen nach Europa zu kommen. Wir haben alle die Bilder aus Melilla gesehen, wo Flüchtlinge aus Westafrika, den Stacheldraht wie die schießenden spanischen Polizisten ignorierend, aus mehreren Metern Höhe auf europäisches Territorium gesprungen sind. Viele haben sich dabei lebensgefährlich verletzt oder wurden erschossen. Und wer den Weg nach Europa nicht direkt in Angriff nimmt, geht in die großen Städte Afrikas – um auch dort keine Arbeit zu finden, die einen Menschen ernährt. Das Überschwemmen schwacher Märkte mit zu Tode subventionierter Ware ist nicht allein ein europäisches Phänomen. Die USA haben auf diese Art schon viele Märkte ruiniert und für eigene Baumwolle, Reis und Mais dauerhaft Absatzmöglichkeiten gesichert.

Gerade im bitterarmen brasilianischen Norden, wo einige Bundesstaaten größer sind als Deutschland und Frankreich zusammen, entsteht eine neue Parallelökonomie, die die Millionen von Armen nicht einmal zur Kenntnis nimmt. Der Sojaanbau in Mato Grosso ist nicht sehr personalintensiv. Maschinen sind hier wichtiger als klassische Arbeitskraft. Und während das Futter für europäische Schnitzel- und Steaktiere wächst, geerntet und verpackt wird, suchen die Hungrigen quasi nebenan nach einem Weg, dem Tod zu entkommen. Der Norden Brasiliens ist extrem in jeder Hinsicht: riesig und sehr arm. Aber die totale Armut ist beileibe nicht auf den Norden beschränkt. Auch in den wesentlich reicheren Bundesstaaten Bahia und in Minas Gerais hausen Menschen ohne Obdach auf dem einen Meter breiten Streifen zwischen dem Zaun der riesigen Hazienda und der Straße. Sie haben keine Behausung und nichts zu essen, aber wenn sie das ungenutzte Land der Hazienda betreten, laufen sie Gefahr, erschossen zu werden. Entweder von den Angestellten des Farmers oder von der Polizei.

Die größte Bedrohung für die Ernährung geht derzeit von dem Projekt der großen Saatgutfirmen aus. Die komplette Neuordnung der Weltlandwirtschaft hat die Herrschaft über die Saaten zum Ziel, und die beiden größten Companys, die den Markt bearbeiten, Pioneer und Monsanto, arbeiten beide daran, nebeneinander, die in Jahrtausenden gewachsenen Gewissheiten des Agrarbaus zu negieren. Pioneer setzt vornehmlich auf hybrides Gemüse und Getreide. Das Versprechen von Pioneer ist eine bessere Ernte, entweder in Menge oder in Qualität, wobei sich die Qualität daran misst, was international verkaufbar ist. Hat sich der Bauer auf das Spiel eingelassen, ist er zumeist schon gefangen in dem Käfig, den ihm die Firma gebaut hat. Denn das Hybridsaatgut lässt sich nur einmal für die Saat verwenden. In den darauf folgenden Jahren lässt der Ertrag jeweils deutlich nach, sodass sich der Anbau nicht mehr lohnt und der Bauer Pioneer neues Saatgut abkaufen muss – es sei denn, er hat aus der letzten konventionellen Ernte, von traditionell angebautem Mais und nicht von einer Sorte, die im Labor entwickelt worden ist, in weiser Voraussicht noch einen Rest für eine spätere Ernte behalten. Was aber sehr unwahrscheinlich ist, wenn es sich zum Beispiel um einen äthiopischen Maisbauern handelt. Der hat das potenzielle Saatgut wahrscheinlich aus reiner Not und Angst um seine Familie irgendwann zu Nahrung umgewidmet und es seiner Familie zu essen gegeben. Der Bauer steht deshalb vor der Entscheidung, Pioneer für viel Geld neues Saatgut abzukaufen, die Ernte aus dem hybriden Saatgut zu benutzen mit der Erwartung, etwa ein Viertel weniger Ertrag zu haben, oder eventuell die Landwirtschaft aufzugeben, weil sie sich unter diesen Umständen nicht mehr lohnt. Denn wir reden hier ja von einer höchst anstrengenden Arbeit, die mit einfachsten Mitteln gemacht werden muss. Möglicherweise sogar ohne einen Ochsen oder ein entsprechend starkes Tier, das den Boden bearbeitet. Die Arbeit ist absolut auszehrend, und wenn sie nicht einen gewissen Ertrag garantiert, nicht zu leisten. Die äthiopischen Bauern sind absolut unverschuldet in Not geraten. Es waren die Auflagen des Internationalen Währungsfonds, die vielen verschuldeten Ländern diktieren, Institutionen, die für die Nahrungssicherheit der Einwohner eines Landes aufgebaut wurden, im Namen der Entbürokratisierung wieder abzubauen. In vielen afrikanischen Ländern wurden zum Beispiel Ministerien und dazu gehörende Verwaltungen aufgebaut, um die Vermarktung von für das Staatsbudget relevanten Cash Crops unter staatlichen Schutz zu stellen, in Ghana zum Beispiel für den Kakao. Diese Behörden mussten die Staaten auflösen und die dort erbrachten Leistungen für die Privatwirtschaft international ausschreiben. So kommt eine Firma wie Pioneer dann auf äthiopischen Boden, durch die Vorgaben der Washingtoner Institutionen. Man muss annehmen, dass Pioneer auch in armen Ländern Geld verdienen will. Für die Firma wäre es zumindest kurzfristig gut, die äthiopischen Bauern würden glücklich mit dem neu gezüchteten Mais und bestellten und bestellten ihn wieder und wieder. Viele Bauern haben aber, ihrer Ernährungsgrundlagen beraubt, die Arbeit am Boden und am Mais aufgegeben.

Der rumänische Staat wurde nicht gezwungen, Hybridsaatgut für die Auberginen seiner Bauern zu subventionieren. Die Strategie dahinter erscheint klar: Weg von der traditionellen Frucht, die nicht weltmarktgerecht erscheint, und hin zur Aubergine, die immer gleich aussieht und natürlich auch immer gleich schmeckt. Die Methode hingegen ist zweifelhaft und erinnert an jene Geschichten, die man in der Schule über Rauschgifthändler lernt. Die Einstiegsportion gibt es umsonst.

Je mehr traditionelle Sorten bei den wirklich bedeutenden Ernährungsgrundlagen Mais, Reis oder Weizen von der Erde verschwinden, weil die Bauern überredet oder gezwungen wurden, mit synchronisierter Weltmarktstandardware zu arbeiten, je kleiner also das regionale Erbe in den Köpfen und in den Scheunen der Bauern ist, desto größer sind die Chancen, ihnen oder ihren Kindern auf ewig hybrides Saatgut zu verkaufen.

Monsanto geht noch einen entscheidenden Schritt weiter. Ihr gentechnisch veränderter Mais, ihre gentechnisch veränderte Baumwolle versprechen höheren Ertrag als die traditionellen Sorten und gleichzeitig den Verzicht auf einen ganzen Cocktail an giftigen Pflanzenschutzmitteln, denn die sind sozusagen in der Pflanze schon drin. Die Pflanze ist nicht empfindlich gegen das von der Firma gleich mitgelieferte Mittel. Die Folgen für die Bauern sind auch hier möglicherweise verheerend. Das Pflanzenschutzmittel »Round Up« vernichtet alles Leben auf dem Acker und zerstört alles, was einst wuchs und flog. Der versprochene Erfolg tritt nicht immer ein, und da auch die Monsanto-Saat nur für eine Saison gut ist, zerstört sie eventuell die Existenz der Bauern. Denn deshalb nur haben sie sich ja ködern lassen im Büro der Firma vor Ort, vielleicht in einer indischen Kleinstadt, wo Monsanto Reis- oder Baumwollsaat anbietet. In der Tat behaupten die Saatgutfirmen, ihre Arbeit sei erstens der einzige Ausweg aus der Nahrungsmittelkrise, und zweitens sei der hohe Preis, den die Bauern für ihre Ware zahlen müssten, eine Gewähr für ihre Sicherheit und ihre Qualität.

Doch genau das sieht in der Wirklichkeit anders aus. Erstens gibt es nämlich keine Nahrungsmittelkrise. Es gibt schon jetzt genügend zu essen für alle Menschen, die auf der Erde leben. Und außerdem ächzen auf beinah allen Kontinenten die Bauern unter den möglicherweise absichtlichen Fehlplanungen der Saatgutkonzerne, die ihnen schlechte Ernten einbringt. Die Zerstörung der traditionellen Getreidesorten schließlich, die ja in ständiger Anpassung an Böden und Witterung entstanden sind, könnte, wenn sich Firmen wie Pioneer oder Monsanto weiterhin auf Expansionskurs befinden, tatsächlich zu einer Nahrungsmittelkrise führen. Denn ob in den USA entwickelter Mais auf den Böden der Welt überhaupt wachsen will, das ist noch gar nicht bewiesen.

Monsanto Deutschland lobt in einer Presseerklärung vom 2. März 2006 »die innovationsfreudige Haltung« der deutschen Bundeskanzlerin Merkel. Denn im Frühjahr des Jahres werden die ersten fünf Sorten von gentechnisch manipuliertem Mais in Deutschland ausgesät. Der Konzern spricht von mehr als hundert Betrieben und von ca. 1.800 Hektar Anbaufläche. Gentechnisch manipuliertes Saatgut wird in der Pressemitteilung unter dem Kürzel »gv« geführt, das heißt gentechnisch verbessert. Für Monsanto und den Konkurrenten Pioneer Hi-Bred, der in derselben Monsanto-Pressemitteilung das »positive Signal für die grüne Gentechnik am Standort Deutschland« betonen darf, ist das ein wichtiger Schritt. Denn die Verteilung von Nahrung weltweit und die Entscheidung, wer überlebt und wer nicht, geht auch von Europa aus.

Konsumieren
Ökobenzin, Fairversand & Biosupermärkte

Die Globalisierung ist abgeschlossen. Satelliten umspannen den Erdkreis, jeder Flecken des Planeten ist kommunikativ in Echtzeit zu erreichen, und jeder Winkel des Erdballs hat seine klar definierte Aufgabe in einer globalen Ökonomie: Konsum, Rohstofflieferung, Herstellung, Planung. Man kann eine Seefahrt in Richtung Westen, die vor etwas mehr als 500 Jahren stattgefunden hat, als Basis der modernen Weltordnung begreifen. Die Atlantiküberquerung, die Christoph Kolumbus 1492 anführte, bereitete den politischen Ideen den Weg, die die Erde seither beherrschen. Lange Wege wurden nun auch seewärts überbrückbar; Machtzentren konnten Tausende Kilometer weit weg sein von den Menschen, die von Dekreten und Gesetzen betroffen waren; ruchlose Herrscher trafen mehr und mehr Entscheidungen, die Tod und Verderben bedeuteten – für jene Untertanen, die sehr weit weg lebten.

Christoph Kolumbus war Händler und hat die Grundlagen dafür geschaffen, dass aus Pflanzen Rohstoffe, aus Menschen Ware und aus Ländern Märkte geworden sind. Seiner Logik entsprach es, demjenigen ergeben zu sein, der ihn bezahlte. In jenem Fall war das spanische Königspaar eingesprungen, das Lust auf ein Überseeabenteuer bekommen hatte, nachdem die spanische Armee den Mauren bei Granada eine vernichtende Niederlage beigebracht hatte. Es ist nicht überliefert, dass Ferdinand und Isabella in globalen Dimensionen gedacht haben, als sie trotz entgegengesetztem Rat aus dem eigenen Hof die Überfahrt der drei Schiffe starken Flotte finanzierte. Auch Kolumbus selbst dürfte kaum mehr als kurz- bis mittelfristige Gewinne im Kopf gehabt haben, als er das Projekt an den europäischen Höfen zur Durchführung vortrug. Für einen weltökonomischen Trendsetter hielt er sich ganz gewiss nicht.

Der Blick für weltumspannende Zusammenhänge hat sich in den neunziger Jahren des letzten Jahrhunderts ein wenig geschärft. Dass Informationen heute schneller den Atlantik überqueren als ein Schiff, ist sicherlich ein Grund dafür. Deshalb wissen wir heute auch schon von erst bevorstehenden Versuchen der Nahrungsmittelindustrie, die letzten Hürden zu nehmen, um endgültig Herrschaft über die biologischen Ressourcen der Erde zu erlangen. Nach der Patentierung von gengestylten Pflanzen werden das die Aufzucht und der Verkauf von im Labor mehr oder weniger neu erfundenen Tieren sein. Seit Jahren forschen Firmen in Nordamerika an dem Projekt und stecken extrem viel Geld in die Entwicklung von neuen Fischen für die menschliche Nahrung. Hat das Projekt erst einmal den Status eines Experiments hinter sich, wird es noch viel schwerer, dagegen vorzugehen, als es dies schon bei freigesetzten Pflanzen wie zum Beispiel dem Mais gewesen ist.

Dem Verbraucher scheint das ziemlich gleichgültig zu sein. Er macht sich Sorgen um das Geld, das er bezahlen muss für Lebens- und Konsummittel. »Der Verbraucher« ist eine Erfindung aus der Spätphase der Globalisierung. Nach dem Zweiten Weltkrieg rückte zuerst die Figur der Hausfrau und Mutter in den Fokus der Lebensmittelwerbung. Sie war scheinbar allein verantwortlich für das Wohl der Familie, die damals noch intakt war, sofern sie den Krieg als Ganzes überhaupt überlebt hatte. Mit der weitgehenden Zerschlagung des Modells Kleinfamilie änderte sich auch die Ansprache. Natürlich gibt es weiterhin TV-Spots, in denen Mütter und ihre Kinder zu sehen sind, zum Beispiel beim Waschmittel. Aber selbst die Kaffeewerbung, die sich jahrzehntelang um fröhliche Seniorenrunden drehte, macht mit den abgepackten und sehr lukrativen Tassenportionen auf hippes Konsumprodukt. Da sieht man dann die hübschen, bindungslosen Individuen, die sich zum kurzen Plausch treffen und so tun, als sei es der Instant-Cappuccino, der ihr Leben ausfüllt. Oder eine Tüte Kartoffelchips.

Diese Pizza essenden, Instantkaffee trinkenden und Verdauungsmittel schluckenden Figuren sind »der Verbraucher«. Sie sind das von der Industrie geschaffene Idealbild dieses Typs. »Der Verbraucher« kann ein Mann sein oder eine Frau, eine Verbraucherin schafft es hingegen nur selten in den offiziellen Sprachgebrauch. In Deutschland sind zahlreiche Organisationen gegründet worden, um dieses Kunstwesen zu schützen, und es ist keine zehn Jahre her, dass ebenfalls ein Bundesministerium umgewidmet wurde und nun ebenfalls dessen Schutz im Namen trägt. Der Begriff ist dabei nicht falsch, wenn man ihn ernst nimmt und seinen Ursprung in der Energiewirtschaft sucht. »Der Verbraucher« frisst nämlich die Ressourcen der Erde weg. Die Nahrungsmittelindustrie ist ein verheerender politischer Faktor. Durch ihre weltumspannende Arbeit sterben Jahr für Jahr viel mehr Menschen als durch die Kriege der Erde. Unter dem pauschalen Begriff Nahrungsmittelindustrie können wir jene Konzerne zusammenfassen, die fertige und halbfertige Nahrung für den Einzelhandel herstellen, dazu die großen Einzelhändler selbst, außerdem die mächtigsten der Saatgutfirmen und den Bereich der industrialisierten Landwirtschaft, der Rohstoffe, Futtermittel und verkaufsfertige Ware rund um den Erdball verschiebt. Genreübergreifend können wir auch noch die neuen Giganten der Wasserversorgung hinzurechnen, deren Arbeitsfelder sich überschneiden mit jenen der Verkäufer von Wasser in Flaschen.

Es ist ziemlich unanständig, Opfer zu zählen und gegeneinander aufzurechnen. Ein kleines Kind stirbt in Pakistan, weil es mit Schmutzwasser versetztes Milchpulver getrunken hat; ein junger Mann wird im Ostkongo erschossen, weil er Teil einer ethnisch formierten Kleinarmee ist, die es nicht gäbe, wenn die Hersteller von Mobiltelefonen nicht das Coltan aus kongolesischem Boden brauchten; im Nordosten Brasiliens verhungert eine alte Frau, weil ein paar Kilometer weiter zwar Soja für das Futter der europäischen Tiere angebaut wird, aber weder vom Soja noch von den damit gemachten Gewinnen auch nur ein bisschen dort ankommt; ein völlig überladenes Schiff mit Flüchtlingen zwischen Afrika und Europa kentert und alle Insassen ertrinken. Allerdings gibt es dieses Rechnen und Aufrechnen. Der Kongo-Krieg taucht als Dritter Weltkrieg in den Diskussionen auf, und hochgerechnete Opferzahlen werden mittlerweile mit denen des Zweiten Weltkriegs verglichen. Wir reden über Millionen von toten Menschen, und jeder und jede Tote ist ein Opfer und hat sich genauso wenig ausgesucht, in Konflikten um Rohstoffe zu sterben, wie wir in Europa das tun würden. Die Rohstoffe, die die Nahrungsmittelindustrie braucht, sind jenen, die sie haben wollen, kaum weniger wert als die Bodenschätze, um derentwillen Krieg geführt wird. Coltan kommt aus der Tiefe des Bodens, wie auch Diamanten und Öl, zwei weitere Gründe, Krieg zu führen und viele Menschen um ihr Leben zu bringen.

Dies alles geschieht, weil die Nahrungsmittelindustrie zwei Ziele hat: Erstens vom in den reichen Ländern zirkulierenden Geld möglichst viel abzuschöpfen und zweitens gleichzeitig die Märkte der armen Länder zu beherrschen, um über ihre Ressourcen verfügen zu können. Die unübersichtlicher werdenden Agrarmärkte bergen für die Konzerne viele Unsicherheiten. Die EU zum Beispiel wächst um riesige Anbauflächen. Rumänien wäre als zweitgrößtes Agrarland des Kontinents vielleicht in der Lage, die Bedingungen für ganze Sorten zu diktieren und mit den niedrigen Lohnkosten die Preise für Tomaten beispielsweise oder für Paprika neu zu definieren. Entsprechend interessant ist das Land für alle Konzerne, die in dem Genre Lebensmittel arbeiten.

Wenn man den Blick von der EU-Peripherie zu anderen Erdengegenden wendet, die in der agrarpolitischen Betrachtung auf den ersten Blick weniger wichtig erscheinen, kann man sich fragen, warum Saatgutfirmen aus den USA so viel Energie aufwenden, um den Maisanbau in Mexiko oder in Äthiopien zu zerstören. Zwei Gründe gibt es dafür: Am Rand der großen Industrie- und Agrarmächte gibt es mit Mexiko, einigen EU-Beitrittsländern oder auch solchen, die es noch nicht einmal in diesen Status geschafft haben, zum Beispiel der Ukraine, aber auch in Nordafrika, Länder, die ein großes Potenzial haben, den reichen Ländern zuzuarbeiten. Von ihnen hat Mexiko mit seinem extrem reichen Maiserbe, das zahllose Sorten kennt, noch einmal einen Sonderstatus. In den oft bevölkerungsreichen Ländern könnte den heute noch starken Agrarländern unter den von ihnen behaupteten Bedingungen des freien Marktes harte Konkurrenz entstehen. Also ist der Griff nach den lokalen Ressourcen sehr sinnvoll, um Bauern, die mit für den internationalen Markt tauglichen Waren auftreten könnten, sozusagen an der Wurzel anzugreifen.

Die Zerstörung von agrarischen Märkten, die für Europa und Nordamerika zunächst einmal uninteressant erscheinen, hat zum Teil ähnliche Gründe, aber auch ganz andere. Es ist immer interessant, aufstrebende Kräfte klein zu halten. Aber wichtiger ist es, die Vielfalt zu kontrollieren. Wenn ein weltweit agierender Konzern wie Monsanto das Erbe von wichtigen Nahrungspflanzen wie Mais und Reis im Griff hat, dann hat die Firma vom Mississippi einen Zugriff auf die Nahrung der Zukunft. Auf die Nahrung von schon heute mehr als sechs Milliarden Menschen. Und dieser Zugriff soll sich in Umsatz messen lassen.

Wenn man die wichtigen Größen der Welternährung aufzählt, dann kommt nach Mais, Reis und Weizen für die menschliche Nahrung so bald nicht viel außer dem Soja, das außerhalb Asiens eher als Tierfutter verwendet wird. Wer diese Pflanzen besitzt, wer die Definition über die Frage besitzt, was Weizen ist oder Mais, beherrscht nicht nur die Biologiebücher, sondern auch die Welt. Und das ist das Ziel. Die mehreren tausend Sorten Mais, die man in Mexiko einst kannte, oder die 22.000 unterschiedlichen Variationen von Reis, darunter schwarze oder rote Sorten, die in Indien angebaut wurden, stehen ja nicht für beliebige agrarkulturelle Vielfalt. Diese Sorten hatten ihren Sinn. Die Bauern haben sie gepflanzt aus geschmacklichen Gründen oder aus gesundheitlichen, weil es gut war für den Boden oder für den Verkauf. Sie repräsentierten auch das Wissen und den Reichtum der Bauern. Und so ist auch das Verschwinden der Maissorten in Mexiko zu erklären. Die traditionellen Sorten mit gentechnisch verändertem Mais zu durchsetzen, ist also extrem sinnvoll, wenn man ihn zerstören will und die dahinter stehende Anbaukultur zur gleichen Zeit ebenfalls.

Wer das Patent auf Maissorten in der Zukunft hat, beherrscht die Welt über ihren Hunger und ihren Konsum. Das Bedrohungsszenario sieht folgendermaßen aus: Einige wenige Saatgutkonzerne haben ihr Ziel erreicht und das Urprinzip der Landwirtschaft durchbrochen. Es gibt nur noch eine Minderheit unter den Ländern der Erde, in denen die Bauern ihr Saatgut nach überlieferter Art gewinnen, nämlich aus der Ernte des letzten Jahres. Beinah überall müssen die Bauern Jahr für Jahr das Saatgut über die Vertriebszentralen der Saatgutfirmen beziehen. Weltweit bieten sie sechs unterschiedliche Sorten Mais an, knapp zwanzig Sorten Reis und nur noch zwei Variationen vom Weizen.

Für die Strategie der Saatgutkonzerne steht exemplarisch der Monsanto-Konzern aus St. Louis im US-Bundesstaat Missouri. Der Konzern wirbt aggressiv in den industrialisierten, aber auch in den ärmeren Ländern. Das Versprechen: Mit der gentechnisch veränderten Hybridware vom Mississippi gibt es mehr Erträge beim Mais, aber auch bei der Baumwolle, denn auch das ist ein Geschäftsfeld von Monsanto. Das Ergebnis ist oft ernüchternd. Berühmt sind zum Beispiel die Fehlschläge bei der Baumwolle in Indien. Der Bauer, der seine letzte Ernte schon verkauft oder aufgebraucht hatte, bevor er den Deal mit Monsanto eingegangen ist, hat jetzt nicht die Möglichkeit, den Weg zurück wieder einzuschlagen. Er hat ja kein eigenes Saatgut mehr. Um anderen Bauern, die keine Geschäftsbeziehung mit Monsanto haben, das Saatgut ebenfalls zu nehmen, schickt die Firma Detektive über fremder Leute Felder und reklamiert ganze Ernten als Eigentum, wenn der Wind oder ein Schmetterling dafür gesorgt hat, dass Monsanto-Saat ungewollt auf dem Feld nebenan gelandet ist. Diese Strategie lässt erkennen, worauf die Dinge zulaufen können in den nächsten Jahren. Die kanadische Firma A/F Protein, die eine exponierte Rolle einnimmt in der Forschung und Arbeit an transgenen Fischen, arbeitet daran, eine Zulassung für ihre Riesenlachse für Kanada, die USA und Chile zu bekommen. Da in dem Projekt sehr viel Geld steckt, könnte die kanadische Regierung ein großes Interesse daran zeigen, dem Begehren von A/F Protein zuzustimmen. Schon jetzt aber gibt es die transgenen Lachse, die in firmeneigenen Tanks leben. Die forschende Industrie versichert, dass von den neuen Fischen keine Gefahr ausgeht für die Populationen, die im Meer leben. Erstens seien die Fische ja eingesperrt, das sei ja der beste Schutz überhaupt. Außerdem arbeite man daran, die Fische unfruchtbar zu machen. Das sei nun ein doppelter Schutz.

In diesen zwei Behauptungen stecken gleich drei mögliche Unwahrheiten. 1. Dass die neuen Fische auf begrenztem und in eingezäuntem Raum leben, stimmt nur vorläufig. 1988 sind bei einem Sturm in Norwegen mehr als eine Million Lachse ausgebüchst, denen ein Leben in relativer Freiheit eigentlich nicht versprochen war. Alle Sicherungsmethoden sind nur so sicher, wie sich Wasser einsperren lässt. 2. Tatsächlich arbeiten die Züchter daran, Tiere zu entwerfen, die sich nicht vermehren können, sondern nur zur Nahrungsmittelproduktion taugen. Allerdings sind die Zuchterfolge bislang nur bedingt und nur temporär erfolgreich. Nicht alle Fische wachsen im erwarteten Umfang, nicht alle Fische sind unfruchtbar, von denen dies erwartet wird. Und Tiere, die sich trotz erwarteter Unfruchtbarkeit fortpflanzen können, sorgen für Nachwuchs, der die Zuchtresultate ganz einfach negiert und mehr oder weniger wieder aussieht und so funktioniert wie ein gewöhnlicher Lachs. 3. Die dritte Unwahrheit verweist auf kommendes Grauen. Warum sollte eine Firma, die eine Million transgene Lachse in einem abgezäunten Bereich im Meer unterhält, peinlich darauf achten, dass keiner der neuen Fische Reißaus nimmt? Wer das Vorgehen von Monsanto als vorbildhaft für die Branche betrachtet, kann erwarten, dass ein ausgerissener Schwarm neuer Fische dem Zuchtkonzern folgendes Vorgehen ermöglichen könnte: Ein Kunde in einem Fischladen in Brüssel erwirbt einen Lachs. Dieser Kunde hat an der Zubereitung einer guten Mahlzeit gar kein Interesse, er kauft den Fisch lediglich, um ihn zu einem Labor im nächsten Stadtteil zu tragen. Dort wird festgestellt, dass dieser Fisch neue Gene in sich trägt, die nur aus der Züchtung einer Firma in, sagen wir, Kanada kommen kann. Ein Anwalt und die Polizei stehen am Tag nach der Feststellung dieses Ergebnisses bei dem Fischhändler in der Tür und beschlagnahmen dessen Ware, weil für die Polizei der begründete Verdacht besteht, dass er Eigentum der kanadischen Company verkauft, ohne dass er Geld an sie bezahlt hat. In den Verträgen des Fischhändlers werden der Großhändler und der Fischer festgestellt und ihre Ware wird ebenfalls beschlagnahmt, um festzustellen, ob sie nicht wie der Fischhändler Eigentum der Kanadier verkaufen, das sie gar nicht besitzen dürfen, weil sie kein Geld in diese Richtung bezahlt haben. Das Vorgehen in Sachen neuer Fisch entspräche jenem von Monsanto, die ihr Eigentum überall dort zu entdecken behaupten, wo sich Spuren ihrer neuen Pflanzen finden lassen.

Die Züchtung neuer Fische ist ein wichtiger Eckpunkt für die Nahrungsmittel produzierende Industrie. So eine Chance hat es bislang noch nicht gegeben. Offener als jemals zuvor stehen die Türen, die natürlichen Grundlagen, auf denen Essen für die Menschen auf der Erde produziert wird, ein für alle Mal zu verändern. Das Kapern der wesentlichen Getreidesorten ist ein Faktor, auf den die Nahrungsmittelindustrie aufbauen möchte. Aber Getreide und auch Mais und Soja halten still. Sie bewegen sich nicht von allein, höchstens im Wind und dann auch wieder zurück in die andere Richtung. Der Schmetterling trägt die neue Frucht vielleicht von Feld zu Feld, ein bezahlter Angestellter sorgt dafür, dass Maisfelder in Mexiko verdorben werden. Mit dem Fisch verhält es sich anders. Denn er lebt anders als das Schwein im Stall. Mag es auch ein armes sein, es ist mit relativ konservativen züchterischen Mitteln entstanden. Der Fisch aber erledigt, was das Schwein nicht kann. Er überbrückt interkontinentale Entfernungen und mischt sich ein. Wer kann schon vorhersagen, welche Dimensionen der Zerstörung eine Million in die Freiheit entlassener Riesenlachse in den Weltmeeren haben werden? Es waren offenbar nur ein paar Dutzend Exemplare des Viktoriabarsches, die sich die Fauna des größten Binnengewässers auf dem afrikanischen Kontinent innerhalb von zwei Generationen zur Beute machten und mehr oder weniger auslöschten.

Dies alles kann geschehen, weil die Aussichten, mit der Nahrung von Menschen Geld zu verdienen, so verlockend sind. Mit Waffen wird zwar auch eine Menge Umsatz gemacht, auch mit Automobilen oder Mobiltelefonen. Aber Essen setzt insgesamt eben mehr um, weil das Individuum zwar ohne Auto leben kann, aber nicht ohne Brot. Der schnelle Blick durch die Magazine und Illustrierten zeigt, worum es geht. Geworben wird für die Automobile, weil sich das ja auch lohnt – mit einem einzigen Kaufvertrag setzt man gleich eine ganze Menge Geld um. Die Banken werben in den Heften für die unteren fünfzig Millionen für Girokonten und in den Produkten für Leute mit ein wenig mehr Einkommen für ihre Fonds. In Frauenmagazinen gibt es vorwiegend bunte Bilder für kosmetische Artikel und für Kleinwagen. Die Blätter, die von Senioren und Freunden »gelben« Geschichten gekauft werden, sind prall von farblich eher zurückhaltenden Anzeigen für Medikamente. In den großen und auflagenstarken Magazinen sieht man einen Mix aus allen Werbegenres. Überall aber wird für Nahrungsmittel geworben, denn essen müssen alle. In den Tageszeitungen herrscht ein etwas anderes Bild. Dort inserieren nicht die Hersteller der Nahrungsmittel, sondern die großen Handelsketten. Die wiederum mit den Logos der Konzerne arbeiten, von denen sie beliefert werden.

Lautet die am nächsten liegende Frage nun: Was können wir gegen die Nahrungsmittelindustrie unternehmen? Wohl nichts, denn dieses »wir« ist nicht existent. Es gibt kein handelndes Subjekt, das sich, weltweit organisiert oder lokal, gegen die Nahrungsmittelindustrie wendet. Die Voraussetzungen sind auch zu unterschiedlich. Bauern in Äthiopien oder in Indien, denen die Arbeits- und Lebensgrundlagen geraubt worden sind, haben eine andere Motivation als Menschen, die in Mitteleuropa leben. Dort wird vieles, was die Nahrungsmittelindustrie unternimmt, um weltweit Geld zu verdienen, vielen ziemlich gleichgültig sein.

Im indischen Dehra Dun am Fuß des Himalaya hat die Organisation Navdanya eine Saatgutbank eingerichtet, die durchaus als Notwehr gegen Angriffe der Saatgutfirmen auf die biologische Vielfalt zu betrachten ist. In Dehra Dun gibt es 220 verschiedene Reissorten, dazu Saaten von Hülsenfrüchten und von Gemüse, aber auch von Früchten, aus denen man Öl gewinnen kann. Die Physikerin, Aktivistin und Trägerin des alternativen Nobelpreises Vandana Shiva steht hinter Navdanya, und ihr Ziel ist es, dass in ganz Indien solche Saatgutbanken eingerichtet werden. Bauern bezahlen für die Saat aus Dehra Dun kein Geld, aber sie verpflichten sich, im darauf folgenden Jahr die jeweils gleiche Menge an Saatgut an zwei weitere Bauern weiterzugeben. Seit 1999 gibt es in Indien auch eine Kampagne, die ihr Ziel im Nahmen führt: »Monsanto, quit India!«

Kostenloses traditionelles Saatgut gegen die teure Einmalware von Monsanto? Das ist auch eine Demonstration gegen den Begriff von Eigentum, den die Konzerne strapazieren. Die Saatgutfirmen betonen, dass der strenge Patentschutz nötig sei, um die hohen Entwicklungskosten zu decken. Der Versuch der texanischen Firma RiceTec, in den USA ein Patent auf Basmati-Reis anzumelden und zu behalten, kann durch den Verweis auf hohe Entwicklungskosten allerdings nicht gedeckt werden. Es schadet ohnehin nicht, die als selbstverständlich wahrgenommenen Gewissheiten rund ums Eigentum in Frage zu stellen. Die großen afrikanischen Reiche zum Beispiel herrschten nicht über Boden, sondern über Menschen. Dem entspricht der Eigentumsbegriff in vielen Dörfern bis heute, wo der Grund und Boden allen gehört und zur agrarischen Bearbeitung lediglich freigegeben wird. Die am schärfsten diskutierte Eigentumsfrage ist die rund um das Süßwasser. In einem schwachen Staat wie Brasilien kann Nestlé Quellen in einem Nationalpark einkaufen, um sie so auszubeuten, dass sie dauerhaft Schaden nehmen. Wasser war lange unteilbar wie die Luft, die wir zum Atmen brauchen. Die aktuellen Auseinandersetzungen verlaufen meist zwischen Konzernen, die möglichst viel Wasser in ihr Eigentum integrieren wollen, und mehr oder weniger regionalen Initiativen oder NGOs, die meistens den Kürzeren ziehen, weil sie von den Regierungen nicht unterstützt werden und ihnen die internationale Öffentlichkeit fehlt. Dass der Schweizer Konzern so handeln konnte und kann, hat mit Verträgen zu tun, in denen festgelegt ist, dass er das Wasser besitzt und also nutzen darf. Solch ein Vertrag ignoriert, dass zu der Quelle eines Flusses immer auch ein Fluss gehört, und zum Fluss jene, die ihn nutzen. Wem gehört zum, Beispiel das Wasser des Niederrheins auf deutscher Seite? Deutschland vielleicht? Oder dem Bundesland Nordrhein-Westfalen? Würde die holländische Regierung Deutschland den Krieg erklären, wenn irgendwo flussaufwärts der Grenzstadt Emmerich der Rhein umgeleitet würde? In Brasilien hat niemand Nestlé den Krieg erklärt, einige Basisgruppen machten nur Öffentlichkeitsarbeit.

1975 veröffentliche die Arbeitsgruppe Dritte Welt Bern eine Broschüre mit dem einprägsamen Titel »Nestlé tötet Babys«. Sie war der Beginn einer ganzen Reihe von Aktionen und Strategien gegen den Nestlé-Konzern, die 1977 in den von den USA ausgehenden Nestlé-

Boykott mündeten. Der Boykottaufruf ist bis heute aktuell und wurde auch einige Male erneuert, weil Nestlé dem Druck der Kampagne natürlich nicht nachgab und sich nicht aus dem Geschäft mit dem Milchpulver zurückzog.

Man muss sich dem Nestlé-Konzern und artverwandten Firmen nicht unbedingt über einen organisierten Boykott annähern. Wer keine Fertignahrung isst, hat ohnehin keine Verwendung für viele der Verkaufsschlager der großen Konzerne. Die Macht aber liegt tatsächlich in den Händen derer, die jenes Geld haben, an das die Nahrungsmittelindustrie heran will. Keine Werbekampagne ist stärker als der Vorsatz, dieses oder jenes Produkt nicht mehr zu kaufen oder gleich alle Erzeugnisse, die ein Konzern im Angebot hat, im Laden stehen zu lassen. Es gibt zahllose Möglichkeiten, zu handeln. Dass der Verzicht eines Individuums auf Produkte der Coca Cola-Company den Grundwasserspiegel in der indischen Provinz nicht anhebt, ist sowieso allen klar. Aber es gibt eben keinen besseren Weg, als sich genau auszusuchen, welcher Company man sein Geld gibt.

Die Alternativen zu dieser Strategie haben verschiedene Namen: Subsistenz ist nur was für Hartgesottene und hat etwas von Rückzug und Aussteigertum. Reichtum für alle wird es in den kommenden Jahren nicht geben. Bio oder Regio sind vielleicht die am nächsten liegenden Möglichkeiten, die Politik der Konzerne zu kontern, funktionieren aber auch nur bedingt. Lebensmittel, die unter dem Bio-Label verkauft werden, haben 2005 mehr als fünfzehn Prozent mehr Umsatz gemacht als noch 2004. Und das hat die großen Handelskonzerne längst schon angelockt. Plus vertreibt seit Jahren eine Öko-Linie, Rewe eröffnet fleißig Öko-Supermärkte unter dem Namen »Vierlinden«. Dieser Einfluss wird den Rang verändern, den Öko-Lebensmittel heute noch haben. Regionale Produkte sind auf jeden Fall eine ernsthafte Alternative. Werden mehr davon verkauft, trifft das sowohl die international agierenden Konzerne als auch die Transportbranche. Außerdem hängen an den regional ausgerichteten Ökonomien weitaus mehr Arbeitsplätze als in dem auf Rationalisierung angelegten System der Konzerne. Außerdem bietet der Bauer, den es tatsächlich noch auf den Märkten gibt, das Gemüse meist viel billiger an als der nächste Supermarkt. Die beste Strategie überhaupt ist Information. Die Zusammenhänge zu kennen zwischen den für uns entworfenen Produkten in den Regalen und den Verheerungen, die ihre Produktion auslöst, hilft immer. Denn um unser Essen kümmern wir uns täglich.

Erwin Wagenhofer **Einen ehrlichen Film machen**

Fragt man im südspanischen Andalusien, genau in der Gegend von Almeria, wo sich die größte Gewächshausanlage der Welt befindet, einen Manager oder einen für den Verkauf zuständigen Angestellten, ob er denn die Einkäufer der europäischen Supermarktketten, mit denen er tagtäglich Geschäfte abwickelt, auch schon zu Gesicht bekommen hat, dann schüttelt er den Kopf und wirkt verwirrt, so absonderlich erscheint ihm die Frage.

Fragt man einen steirischen Hühnerproduzenten, was denn die Kunden von ihm fordern, dann nennt er als oberste Priorität »Preis und Lieferpünktlichkeit«. Der Geschmack, so fügt er hinzu, sei kein Kriterium.

Fragt man einen österreichischen Getreidebauern, wie sich der Weizenpreis in den letzten zehn Jahren entwickelt hat, dann antwortet er, der Preis habe sich während dieser Zeit halbiert, darum habe er die Anbauflächen verdoppelt.

Fragt man den drittgrößten Bäckermeister im kleinen Österreich, ab wann denn eine Semmel als alt zu bezeichnen ist, antwortet er: nach zwei Stunden. Man braucht sich also nicht zu wundern, wenn mindestens zehn Prozent seiner Ware noch am Tage ihres Entstehens »kostenintensiv« zu entsorgen seien.

Fragt man den Boss des größten Lebensmittelkonzerns der Welt, der gerade stolz seine »Gewinnzahlen« durchgegeben hat, wie denn die Arbeitslosigkeit in den Griff zu bekommen sei, so antwortet er, indem mehr gearbeitet wird.

Fragt man den Hungerexperten Nummer eins in der Welt, den UN-Sonderberichterstatter für das Recht auf Nahrung, wie sich der Welthunger entwickelt, antwortet er, »die Leichenberge steigen«.

Erzählt man einem armen Bauern im brasilianischen Pernambuco, der jedes Jahr während der langen trockenen Sommermonate mit dem Hunger kämpft, dass wir aus einem Teil der Welt kommen, wo seine Bauernkollegen Geld dafür kassieren, dass sie einen Teil ihrer Felder nicht bestellen, weil wir an Lebensmittelüberschüssen leiden, dann wirkt er für einen Moment irritiert, aber nicht fassungslos.

Sechzig Jahre Wirtschaftswachstum. Niemand ist glücklich geworden, aber wir sind alle lebensversichert und stecken im Stau. Konsumieren Sie, ruft der deutsche Kanzler und verabschiedet sich in den Aufsichtsrat eines russischen Energiekonzerns.

Und der Vorstand des österreichischen Institutes für Höhere Studien (IHS) meint in einem Nebensatz gar, »... dieses wäre zwar human, schadet aber der Wirtschaft«! (*Die Presse,* 10.07.2004, Seite 23)

Es läuft was schief im »Ground Control« auf Mutter Erde, und wir alle spüren es an unserer eigenen inneren Unzufriedenheit.

Unter diesen Voraussetzungen zogen wir im Frühjahr 2004 los, um einen Dokumentarfilm zu drehen, der den Umgang mit unserer Nahrung zeigen sollte, und wenn ich »wir« sage, dann meine ich meine Assistentin Lisa Ganser und mich. Denn bis auf wenige Ausnahmen waren wir nur zu zweit unterwegs.

Ich wollte einen einfachen und einigermaßen ehrlichen Film machen, der die Dinge von innen her aufrollt. Die Leute, die mit unserer Nahrung zu tun haben, die sie für uns herstellen, produzieren, verarbeiten und manipulieren, diese Leute sollten in diesem Film gezeigt werden und zu Wort kommen, und zwar dort, wo sie ihre Arbeit verrichten.

Weder waren wir an Skandalen interessiert noch an journalistisch reißerischen Themen wie Tiertransporten, Käfighaltung, Gentechnik oder Subventionsschwindel.

Dinge und Vorgänge sollten gezeigt werden, die alltäglich, normal und unspektakulär sind, und sie sollten auch genauso, alltäglich, normal und unspektakulär, gezeigt werden. Denn nichts mag ich im Leben und somit auch im Kino weniger als Spekulatives.

Niemand sollte »anpatzt« oder beschuldigt werden, denn es ging nicht darum, einen Schuldigen zu suchen, sondern Zusammenhänge aufzuzeigen. Die Welt in Gut und Böse einzuteilen, ist mir zu simpel, denn das Leben ist komplexer, als wir es wahrhaben wollen, und nur für den »Narren« ist alles einfach, wie Thomas Bernhard schreibt.

Wer die so genannte Wahrheit sucht, den muss ich enttäuschen. Ich kann sie nicht anbieten, denn ich weiß nicht, was das genau sein soll, die Wahrheit. Es ist also ein subjektiver Film geworden, was sonst.

»We Feed the World«, dieser Titel, für den wir uns ganz zum Schluss entschieden haben, beginnt mit dem Wort »We«, »Wir«, und genau das wollten wir betonen.

Wir haben das Gespür verloren, nicht nur für das, was wir uns täglich in den Mund stopfen, auch dafür, wie wir miteinander umgehen und wofür wir eigentlich verantwortlich sind.

Wir haben das Gespür verloren oder trauen ihm nicht mehr, wenn wir das, was unsere Lebensbasis ist, unsere Nahrung, so herstellen, wie es im Moment großteils passiert.

Wir wollten mit einer positiven Geschichte beginnen, mit einer, in der es noch jemanden mit Gespür gibt. Und so landeten wir im Juni 2004, just zur Sommersonnenwende, im westlichsten Zipfel Europas beim bretonischen Fischer Dominique Cleuziou, einem aktiven Mittfünfziger, der sein Leben lang zur See gefahren ist, und von dem seine Frau behauptet, er habe Salzwasser anstatt Blut in den Adern.

Zu zeigen, wie Cleuziou sein Handwerk betreibt, war mir wichtig, zu wissen, dass es da noch jemanden gibt, der vor allem nach Gespür vorgeht. Natürlich hat er ein Echolot an Bord, aber eine Armbanduhr hat er keine. Die Zeit braucht er nicht zu messen, er spürt sie. Natürlich tötet Cleuziou ein wildes Tier, aber er tut es, um seinen Lebensunterhalt zu verdienen und nicht um den Wert einer Aktie in die Höhe zu treiben.

Die Freude und der Stolz, den er ausstrahlt, als er uns den Steinbutt in die Kamera hält, den er gerade gefangen hat, sind spürbar, und selbst der Laie sieht sofort den Unterschied zwischen diesen von Cleuziou gefangenen Fischen und jenen, die auf Industrieschiffen gefangen wurden, wo es um die Mengen und um den Profit geht.

Sofort stellt sich die Frage, warum es nicht alle so machen, warum andere, die meisten Leute, ihre Energie und Lebenszeit darauf verwenden, industrielle Fischerei zu betreiben? Sie sehen ja selbst die Ergebnisse und müssten spüren, dass das falsch ist, was sie machen. Vielleicht fühlen sie sich nicht verantwortlich für das, was sie tun, und sagen sich, ich mache nur, was man mir sagt. Mache ich es nicht, macht es jemand anderer, und ich verliere meinen Arbeitsplatz. Also Angst!

Darum wäre »Verantwortung übernehmen« auch als ein kollektiver Prozess so wichtig. Aber das würde gegen das momentane Wirtschaftssystem laufen, und darum sind die Kollektive bewusst kaputtgemacht worden, und übrig geblieben ist der so genannte individuelle, ständig mit sich selbst und anderen konkurrierende Konsument, der schwer vereinsamt vor sich hin lebt.

In Österreich leben heute mehr Menschen mit einem Tier zusammen als mit einem Menschen. Und das sagt doch sehr viel über unsere Gesellschaft aus und wohin wir als Individuen verkommen sind.

Die Konsum- und Freihandelsfundamentalisten argumentieren mit Wachstum und Wohlstand und mit der Wunderformel vom freien Markt, der alles regelt! Aber wer unser System ernsthaft als eines bezeichnet, das von einem »freien Markt« reguliert wird, der sitzt einem schwer wiegenden Irrtum auf. Was soll das für ein Freihandel sein, wo heute die fünfzig größten Unternehmen praktisch Monopole sind?

Wir haben ja erlebt, dass die Planwirtschaften im Osten kein großer Erfolg waren, warum sollen dann die Planwirtschaften im Westen, die ja nicht einmal im Dienste der Menschen, sondern im Interesse ihrer Aktionäre handeln, ein großer Erfolg sein?

Die fünfzig größten Planwirtschaften sind heute Privatunternehmen – und an 51. Stelle kommt vielleicht Kuba. Das ist ja nicht der Markt, der bestimmt, sondern diese Strukturen kontrollieren den Markt. Das letzte, was sie wollen, ist, dass der Markt irgendwie eingreift.

Das führt dann dazu, dass der reichste Mann der Welt, Bill Gates, neunzig Prozent der Computerwelt beherrscht und einen privaten Besitz angehäuft hat, der annähernd so groß ist wie die Staatshaushalte von halb Afrika zusammen. Oder dass ein Mann wie Peter Brabeck ein Jahresgehalt von zwanzig Millionen Schweizer Franken hat. Er verdient mehr als alle Staats- und Regierungschefs der EU-25 zusammen.

Der Chef der Deutschen Telekom verkündet in einer Pressekonferenz stolz die Milliarden Euro Gewinne, um kurz darauf in der gleichen Pressekonferenz verlautbaren zu lassen, dass 30.000 Mitarbeiter – auch die, die diesen Gewinn erarbeitet haben – gekündigt werden. Soviel zur Arbeitslosigkeit in Zeiten des Freihandels.

Wir müssen wieder lernen, Verantwortung zu übernehmen, zunächst einmal für uns selbst und dann in der Folge für unser Tun und Handeln. Das liegt in diesem »We«, und Leute wie Dominique Cleuziou können uns darin bestärken.

Und, das ist die positive Nachricht, wir können es auch. Wir müssen essen, wir müssen einkaufen, und wir können daher bestimmen, was wir wollen. Dieses System ist weder natur- noch gottgegeben, es wurde von Menschen gemacht, und wir können es daher auch wieder verändern.

Und darum heißen der Film und das Buch »We Feed the World« und nicht »They Feed the World«.

Glossar

AKP-Staaten | AKP steht für Afrika, Karibik, Pazifik, genauer das gesamte subsaharische Afrika, sechzehn Länder der Karibik sowie Osttimor und eine Reihe kleiner Inselstaaten des südlichen Pazifik. Insgesamt 77 Länder, die fast alle Kolonien europäischer Staaten waren. Sie stehen in einem Vertragsverhältnis zur EU, das seit 1975 besteht und zuerst in Lome, der Hauptstadt Togos, ausgehandelt wurde (früher auch Lomé-Abkommen). Der AKP-Vertrag sieht für diese Länder Importerleichterungen in Richtung EU vor, gleichzeitig erhält aber auch die EU das Recht, ihrerseits die Märkte der 77 zu nutzen. Im Jahr 2005 betrug der Anteil der Exporte der AKP-Staaten in die EU 26,2 Prozent und belief sich auf 50,4 Milliarden Euro, die EU exportierte für 54,6 Milliarden in die AKP-Staaten (2,7 Prozent). Der Marktwert der von der EU exportierten Ware liegt allerdings wesentlich höher als es diese Zahlen aussagen, da die EU die Subventionen auf Agrarprodukte nicht in die Rechnung einbezieht.

Aquakultur | Ob Aquakultur oder Fischfarming, es handelt sich immer um ein kontrolliertes, mehr oder weniger eingezäuntes Gebiet, in dem Fische gezüchtet werden. Wie alle Möglichkeiten, Nahrungsproduktion zu effektivieren, hat auch diese Art der Fischzucht in den letzten Jahrzehnten des 20. Jahrhunderts einen beachtlichen Aufschwung genommen. Zuerst galt es, begehrte Speisefische, die in großen Mengen verlangt wurden und wild nicht mehr angemessen gefangen werden konnten, zu produzieren, wie etwa den Lachs. Dann wurde mehr und mehr Luxusfisch gezüchtet. Zum Beispiel der besonders teure Steinbutt. Prinzipiell ist gegen Aquakultur nichts zu sagen; wenn gewisse Produktions- und Umweltstandards eingehalten werden, ist das eine intelligentere Art der Nahrungsmittelproduktion, als das Leerfischen der Meere durch riesige schwimmende Fischfabriken. Welche Auswirkungen der neu gezüchtete, genmanipulierte Riesenfisch, der sich gerade in der Entwicklung befindet, auf das Fischfarming im Allgemeinen und auf die Meeresbiologie im Speziellen haben wird, müssen wir im Auge behalten.

Biopiraterie | Auch unter dem Begriff Bioprivatisierung bekannt, ist Biopiraterie der Versuch, die genetischen Ressourcen einer Pflanze als Patent anzumelden. Den Anfang machte im September 1997 die texanische Firma

RiceTec, indem sie das Patent auf eine, wie das Unternehmen es darstellte, neue Reissorte beanspruchte. Der Name: Basmati. Der indische Staat führte selbst die juristische Auseinandersetzung und gewann. So bewahrte er einige Millionen indischer und auch pakistanischer Reisbauern, auf deren Feldern seit Generationen Basmati-Reis wächst, vor Illegalität und Kriminalität. Sonst hätte ein US-Konzern Anspruch auf ihre Arbeit und ihr Eigentum erheben können. Andere Beispiele, natürliche Ressourcen zu patentieren, sind der Versuch des japanischen Unternehmens Asahi, die amazonische Cupuaçu-Frucht anzumelden, aus der Asahi Schokolade herstellt, und der Versuch der US-Firma WC Grace, ein Öl vom indischen Neembaum als Eigentum festschreiben zu lassen. Mit dem Öl lässt sich Pilzbefall bei Pflanzen bekämpfen, was in Indien seit Jahrhunderten auch geschieht.

Cash Crops | Cash Crops sind Agrarprodukte, die ausschließlich für den Export hergestellt werden. Im Alltag derer, die sie anbauen, spielen sie keine (so große) Rolle. Kaffee, Kakao, Tee, Bananen, Baumwolle, Orangen oder Tabak werden nach der Ernte meistens zur industriellen Weiterverarbeitung abgeholt und tauchen als fertige Produkte kaum noch einmal am Ort der Ernte auf. Was den Landwirten in Ländern mit höherer Sonnenfrequenz zunächst als tolle Möglichkeit erscheint, statt oder neben der Selbstversorgung mit agrarischen Gütern auch Geld für den Lebensunterhalt zu verdienen, erweist sich allerdings oft als Falle. Wer den Anbau von Getreide und Gemüse für den eigenen Bedarf aufgegeben hat, um stattdessen Cash Crops zu ernten, ist fortan abhängig von den Weltmarktpreisen. Und die werden aus jenen Ländern heraus gemacht, die die Cash Crops zum Verzehr oder zur Verarbeitung einführen und ein Interesse daran haben, die Preise möglichst niedrig zu halten.

CO₂ | Kohlenstoffdioxid ist wesentlich verantwortlich für den so genannten Treibhauseffekt und damit für die Erwärmung der Erde. Dass aus Industrieschornsteinen und vor allem aus den Auspuffrohren eine Menge dieses Stoffes entweicht, gehört mittlerweile zum Standardwissen. Dass aber aus den Aftern und Schlünden von Nutztieren wie Rindern, aber auch Schafen, mehr als dreißigmal so viel Methan entweicht, als Industrie und Autos CO_2 abgeben, und dass Methan genauso gefährlich ist wie CO_2, liest sich schnell wie eine Verschwörungstheorie. Darüber wird wohl noch zu reden sein.

Convenience Food | Übersetzt heißt Convenience Bequemlichkeit / Annehmlichkeit, aber hinter dem Produktionsprozess steckt oft alles andere als das. Der Prototyp dieser Gerichte ist das TV-Dinner, das gleichsam im Zustand der telematischen Umnachtung verschlungen wird. Früher kam das fertige oder halbfertige Produkt aus der Dose, heute eher aus der Tiefkühltruhe. Schnell und gedankenlos ist es zu verzehren, während man auf der Mattscheibe Bilder davon sieht, wie das, was man gerade isst, einmal optisch ausgedacht wurde. Zur Convenience zählen die Hauptfettmacher der Gesellschaft. Weil diese Gerichte ohne Kenntnis der Materie nur in den Kessel geschüttet oder in die Mikrowelle gestellt werden müssen, können sie in nur einer Generation das gesamte über Jahrhunderte angewachsene Wissen einer Kultur vernichten. Und sie bieten den Herstellern auch noch den besonderen Vorzug, hier beliebige Rohstoffe verarbeiten zu können. Alle Herkunftsbezeichnungen, mit denen Gemüse, Fleisch und Fisch sonst verkauft werden, sind hier nicht bindend.

Gentechnik | Gentechnologie | Biodesign | Benennen im Wesentlichen den Eingriff in das Erbgut von Pflanzen oder Lebewesen. In der Landwirtschaft ist die Industrie bestrebt, Pflanzen zu »optimieren«. Das kann bedeuten, dass das neu entworfene Saatgut prinzipiell mehr Ernte bringt als klassisches oder dass Resistenzen gegen Schädlinge eingebaut sind. Auch hinter der zweiten genannten Variation versteckt sich das Versprechen der Saatgutfirmen, dass der Ertrag auf dem Feld höher ausfällt als bisher. Die Saatgutfirmen melden die entwickelten Saaten zum Patent an und lassen sie sich von den Kunden für sehr viel Geld bezahlen. Das Versprechen von mehr Ertrag in der Ernte wird allerdings nicht immer eingelöst. Eine große Gefahr geht vom Gentransfer aus, wenn die veränderten Gene durch den Wind oder durch Insekten auf die Felder von Landwirten geraten, die konventionell anbauen.

Gentransfer | Die Übertragung von Informationen eines Gens auf eine nah verwandte Pflanze stellt eine der schwer wiegenden Folgen der Gentechnologie dar. Durch Pollenflug wird zum Beispiel ein konventionell bewirtschaftetes Feld verschmutzt, indem durch den Wind oder durch Insekten die Pollen eines benachbarten Feldes herbeigetragen werden, auf dem gentechnisch manipulierte Pflanzen stehen. Das ist auch die seit den achtziger Jahren immer wieder formulierte Befürchtung von Kritikern der Aussaat gentechnisch manipulierter Saat. Mittlerweile hat sich gezeigt, dass die größere Gefahr womöglich durch die Sabotage droht, wenn konventionell bewirtschaftete Felder mit gentechnisch manipulierter Saat zerstört werden. Der hierfür gängige Begriff ist »Biotech Pollution«.

Grüne Gentechnologie | Nicht notwendigerweise als Beschönigung erfunden. Grüne Gentechnik meint den Einsatz von Gentechnik in der Landwirtschaft, in Abgrenzung zur roten (in der Medizin), weißen und grauen (in der Industrietechnik) und, sich schon entwickelnd, der blauen Gentechnik (die Züchtung neuer Fische). Die grüne Gentechnologie bringt Produkte hervor wie Mais, der gegen Schädlingsvernichtungsmittel resistent ist, und Soja, das auf Böden wächst, die dafür eigentlich gar nicht geeignet sind. Die beiden großen Versprechen der grünen Gentechnik, reicherer Ertrag für die Bauern und Lösung des Hungerproblems auf der Erde, sind bislang nicht erfüllt worden.

H_2O | Eigentlich ist Wasser nur eine chemische Verbindung aus Sauerstoff und Wasserstoff. Die Flüssigkeit ist aber auch die Grundlage jeglichen Lebens auf der Erde für Mensch, Tier und Pflanze. Schon die entwickelten unter den frühen Gesellschaften haben nach Mitteln gesucht, alle ihre Mitglieder am Wasser teilhaben zu lassen. Heute entspricht dieser Idee am ehesten die Haltung der NGOs, den Zugang zu Wasser als Menscherecht zu verankern. Ihre Antagonisten sind die großen Konzerne der Wasserwirtschaft und die Nahrungsmittelkonzerne, die ihr Flaschenwasser weltweit verkaufen. Ihnen unterstützend zur Seite stehen jene Regierungen der nördlichen Hemisphäre, deren Unternehmen in die Geschäfte mit dem Wasser verwickelt sind. Wenn von Wasser die Rede ist, dann ist zumeist Süßwasser gemeint, das als Trinkwasser geeignet ist. Beinah drei Viertel des Trinkwassers werden in der Landwirtschaft eingesetzt.

Hybridsaatgut | Hybride sind Kreuzungen in der Flora wie der Fauna, die findige Menschen aus der Wissenschaft gezüchtet haben, um eine bestimmte Leistungsfähigkeit zu erreichen. So könnte eine Pflanze nach der Kreuzung ertragreicher sein, um dem Bauern eine größere Ernte zu bescheren, und ein Tier stärker, um demselben Bauern auf dem Feld, wo die ertragreichere Pflanze nun wächst, die Mehrarbeit abzunehmen. Viele, aber nicht prinzipiell alle solcher Züchtungen sind unfruchtbar, können sich also nicht fortpflanzen. Hybrides Saatgut ist für die einmalige Aussaat gedacht. Im Normalfall verspricht sich der Landwirt von ihr, dass sie höheren Ertrag bringt als die konventionelle Saat, die er bislang benutzt hat. Deshalb bezahlt er auch überhaupt Geld für das Saatgut, das er bislang selbst gewonnen hat aus der Ernte des letzten Jahres. Natürlich ist die Ernte des hybriden Saatguts, zum Beispiel von Mais, nicht völlig untauglich, wenn sie erneut zur Aussaat gebracht wird. Aber ihr Ertrag liegt nur bei etwa achtzig Prozent der letzten Ernte, und in diesem Tempo geht es dann Jahr für Jahr bergab mit dem Ertrag.

Kalorien | Energien | Die Landwirtschaft betrieben einst fast alle Menschen, um sich zu ernähren. Selbst heute sind es noch siebzig Prozent der Erdbevölkerung, die ihr Auskommen in der Landwirtschaft suchen. Das ist eine Zahl, die man sich in den arbeitsteilig organisierten Gesellschaften Europas nicht vorstellen kann. Dabei produzieren viele nur für ihre eigene Ernährung und verkaufen oder tauschen nur einen geringen Teil ihrer Ernte. Auch arbeiten längst nicht alle Arbeitskräfte der Landwirtschaft in der Produktion von Rohstoffen für Nahrungsmittel oder in der Aufzucht von Tieren für die Fleischgewinnung. Baumwolle und Pflanzen für die Drogenproduktion sind als Cash Crops genauso wichtig wie Kaffee, Reis oder Bananen.

Life Science | Das Label, das sich die gentechnische Industrie selbst verliehen hat. Inhaltlich ist das problematisch, denn die Forschungs- und Marketingschwerpunkte gelten derzeit Pflanzen und verstärkt auch Tieren, die sich nicht vermehren können. Das Ideal der Life Science-Industrie sind Getreidesorten, die man nicht noch einmal zur Aussaat verwenden kann sowie Fische, die nicht fruchtbar sind, also jeweils nach einer Generation dem Tod geweiht sind.

Linda | Unter dem Namen wird eine Kartoffelsorte geführt, deren besonders gelbes Fleisch besonders gute geschmackliche Eigenschaften hat. Die Göttinger Saatgutfirma Europlant, die das Verfügungsrecht über den Namen und das Saatgut hat, wollte die Lizenz auslaufen lassen und kündigte beim Bundessortenamt Ende 2004 die Zulassung. Der Hintergrund: Vom Jahr 2005 an wäre die Linda Gemeineigentum geworden, da sie dreißig Jahre lang an eine Lizenz gebunden gewesen ist. Nach dieser Zeit verfällt das Eigentumsrecht. Einige Biobauern, unterstützt von Biolandwirtschaftsverbänden, ignorierten das Verbot gegen die Aussaat von Linda und ernteten sie 2005. Die Ernten wurden auf Antrag von Europlant beschlagnahmt. Europlant hatte Ersatzsorten anzubieten und hatte deshalb die Linda vom Markt genommen, weil sie die Ersatzsorten in den Verkauf bringen wollte. Ende 2005 dann der Vergleich vor Gericht: Die Bauern dürfen die geernteten Kartoffeln als Saatgut behalten. Wahrscheinlich werden sie die leckere Kartoffel unter neuem Namen neu anmelden.

NGO | Die non-governmental organisation ist mehr als die Nichtregierungsorganisation, die in der deutschen Übersetzung aus ihr wird. Deshalb hat sich vielleicht auch im deutschen Sprachgebrauch die englischsprachige Abkürzung gleichberechtigt erhalten. Der englische Begriff bedeutet, dass eine Organisation keiner öffentlichen Autorität eines Staates verpflichtet ist, nicht nur nicht der Regierung. Formal sind damit also selbst Schützenvereine und Fußballclubs gemeint, im politischen Sprachgebrauch bezeichnet man damit allerdings jene Organisationen, die sich in den Bereichen Menschenrechte oder Umweltschutz engagieren. amnesty international und Greenpeace sind die beiden bekanntesten NGOs.

Patent | Das Patent ist eine Urkunde, in der ein gewerbliches Schutzrecht dokumentiert wird. In der Urkunde ist niedergelegt, dass diese oder jene Erfindung einem Individuum oder einem Unternehmen gehört, und sie dient in erster Linie dazu, anderen als diesem Individuum oder diesem Unternehmen zu verbieten, dieses geistige Eigentum in Umlauf zu bringen und damit Geld zu verdienen. Die Unternehmen der Life Science-Branche versuchen systematisch, Patente auf das Erbgut von Pflanzen und Lebewesen anzumelden. Damit könnten sie alle kommerziellen Anwendungen kontrollieren, die sich aus ihrer Verwendung ergeben. Das bekannteste Beispiel ist der Versuch der texanischen Firma RiceTec, den Basmati-Reis als eigene Erfindung zu patentieren. Um ihr Patent zu schützen, lassen sich Unternehmen, die ein neues Getreide erfunden haben, zum Beispiel einen Mais, von dem sie versprechen, dass er einem Landwirt einen besonders hohen Ertrag bringt oder gegen

Schädlinge resistent ist, hohe Lizenzgebühren zahlen. Im Allgemeinen verbieten die Verträge zwischen dem Saatgutunternehmen und dem Landwirt Letzterem die Aussaat der Ernte, sodass er dem Unternehmen jährlich die Saat abkaufen muss.

Soja | Eigentlich nur eine öl- und eiweißreiche Hülsenfrucht, hat sich Soja in den letzten Jahren zu einem Schlüsselprodukt der internationalen Landwirtschaft entwickelt. In der Nahrungsmittelproduktion für Europa und Nordamerika hat Soja zwei Funktionen. Auf der einen Seite hat es nach BSE als Futtermittel das Tiermehl abgelöst, auf der anderen Seite ist es vielseitig einsetzbar als Trennstoff Sojalecithin in vielen Lebensmitteln vom Brot bis zu Süßwaren und als Ersatzstoff für andere Öle, zum Beispiel für den teureren Kakao und dessen Öl. Die Explosion der Bedeutung von Soja hat zu gewaltigen neuen Anbauflächen geführt, vor allem in den USA und in Südamerika, hier in Brasilien und Argentinien, werden immer mehr Flächen für den Sojaanbau eröffnet. Dabei wächst der Anteil an gentechnisch manipulierter Ware ständig. In Argentinien etwa, das circa ein Sechstel des Soja weltweit herstellt, gibt es vielleicht noch ein Prozent, das in konventionellem Anbau wächst. Die großen Saatgutfirmen bemühen sich mehr und mehr, ihre Strategie zu ändern, der Welt gentechnisch manipuliertes Essen als selbstverständlich darzustellen. War ihre erste Argumentationslinie, gentechnisch manipulierte Nahrungsmittel seien ungefährlich, international auf wenig Gegenliebe gestoßen, verhakte sich das darauf entwickelte Argument, mit gentechnisch manipulierten Rohstoffen könne man das Hungerproblem der Welt lösen, wenigstens bei Regierungen, die für eine industriefreundliche Politik bekannt sind. Der aktuelle Ansatz der Saatgutfirmen ist allerdings von viel größerer Überzeugungskraft. Sie versuchen den Eindruck zu erwecken, dass die überwiegende Menge an Soja ohnehin schon gentechnisch manipuliert sei und die Hoffnung auf Nahrung, die frei ist von gentechnischen Veränderungen, nicht mehr realistisch sei.

Subsistenzwirtschaft | Eine Art geschlossenes System, in dem ein Individuum oder eine Gruppe von Menschen, wie eine Familie oder ein Dorf, alle Materialien und alle Nahrungsmittel für den eigenen Gebrauch selbst herstellt. Dieses System bedeutet totale Unabhängigkeit von Tauschmitteln wie Geld, obwohl der Tausch selbst zumeist Bestandteil der Subsistenzwirtschaft ist. In vielen armen Ländern lebt ein Großteil der Menschen auch heute in einem System, das der Subsistenzwirtschaft ähnlich ist. In Gesellschaften, in denen nur wenig Geld im Umlauf ist und bestenfalls für Medizin oder für das Ausrichten von Festen ausgegeben wird, bauen Menschen immer noch auf das Prinzip der Selbstversorgung. Das betrifft in vielen afrikanischen Ländern jene Menschen, die fernab der großen Städte wohnen.

transgen | Transgene Organismen sind Tiere oder Pflanzen, die entweder Gene fremder Organismen enthalten oder eigene Gene, die im Labor manipuliert wurden. Der Begriff transgen ist im populären Sprachgebrauch noch nicht sehr verbreitet, obwohl er auf viele Pflanzen zutrifft, die gentechnisch manipuliert sind. Er wird sich allerdings bald bekannter anhören, sobald wir mehr über den neuen Fisch diskutieren, den wir in den kommenden Jahren vielleicht essen müssen, den transgenen Fisch.

Transport | Kaum noch ein Kostenfaktor im internationalen Handel. Da allerdings die meisten Waren in Europa, in den USA und in Japan gekauft, aber in Asien, Afrika und Lateinamerika hergestellt werden, bedarf es großer Anstrengungen, den Transfer der Ware zu organisieren. Auch innerhalb des riesigen Wirtschaftsbereichs Europäische Union gibt es große Transportbewegungen, vor allem von Süden nach Norden, weil die Sonne des Südens jenes Gemüse und jenes Obst wachsen lässt, das in Mittel- und Nordeuropa gegessen wird. Was tatsächlich noch in Zentraleuropa hergestellt wird, vor allem Lebensmittel, besteht oft aus Rohstoffen, die in der ganzen Welt angekauft werden und demnach zur Produktion transportiert werden müssen. Die Folgekosten des Transports, der »nichts« kostet, sind sehr hoch: zu den großen Umweltschäden durch Verkehrswege und verbrauchten Kraftstoff kommen die Gifte zur Konservierung der transportierten Rohstoffe und Lebensmittel, die letztlich mehr oder weniger verzehrt werden.

Veredelung | Es ist lange her, dass der Mensch auf die Jagd ging, um sich sein Fleisch zu holen. Weil er häufig ohne Erfolg von der Jagd zurückkehrte, lebte er als Karnivore trotzdem oft vegetarisch. In den beiden ersten Jahrtausenden unserer Zeitrechnung entwickelte sich Fleisch von Rind, Schwein oder Lamm,

Kaninchen oder Federvieh, langsam zur Ware, die freilich meist nur einem kleinen Teil der Bevölkerung vorbehalten blieb. Erst in der zweiten Hälfte des 20. Jahrhunderts wurde Fleisch zu einer Massenware, die in den reichen Ländern beinah allen Menschen als Nahrung zur Verfügung steht. Seit mehreren Jahrzehnten hat sich der Fleischpreis in Europa und Nordamerika nicht wesentlich entwickelt, während man für andere Lebensmittel zum Teil gewaltige Preissteigerungen in Kauf nehmen musste. Weil sich der Fleischpreis nicht erhöhen lässt, da das Publikum nicht bereit ist, mehr zu zahlen, entwickeln die Fleischproduzenten immer neue Methoden der Rationalisierung und der Kostensenkung, um einen Restgewinn zu erwirtschaften. Die Produktion von Schweinefleisch, also der Prozess der so genannten Veredelung, wird in den USA zum Beispiel immer mehr in geschlossene Systeme verlegt, in denen von der Zeugung über die Aufzucht und die Schlachtung bis zur Produktion von Wurst und Fleisch alles in einem riesigen Fabrikkomplex untergebracht ist.

WTO | Die Welthandelsorganisation (World Trade Organisation) wurde 1994 gegründet, um sich um den Abbau von Handelshemmnissen zu kümmern. Der freie Handel mit Waren und Dienstleistungen steht auf der ständigen Agenda der WTO, allerdings sind die handelnden Staaten nicht gleich. Zwar werden den so genannten Entwicklungsländern einige Handelsvorteile eingeräumt, die ihre schwache Ausgangsposition etwas ausgleichen sollen. Allerdings haben sie kaum Chancen, die Märkte im Norden mit ihren Möglichkeiten zu entern, da sie die zahlreichen Normen und Vorschriften nicht erfüllen können. Die Ungleichheit zeigt sich auch beim Abbau von Subventionen. Wo die armen Länder unter dem Druck von IWF und Weltbank alle staatlichen Leistungen einstellen müssen, werden Produkte aus den USA, wie Baumwolle, oder aus Europa, Fleisch und Gemüse, hoch subventioniert auf ihre Märkte gebracht.

Dank | Nadine Adler, Frenetic Films | Cordula Andrä | Katja Clos | Christoph Dornbusch, Agrar Konzept | Christian Gottschalk | Helmut Grasser, Allegro Film | Yvonne Greiner | Henriette Gunkel | Katharina Holas | Hans Georg Merkel | Dorothee Plass | Clemens Pustejovsky | Katharina Reuter, Zukunftsstiftung Landwirtschaft | Gerd Schnura, Media Office | Engelbert Schramm | Thomas Schröder, Deutscher Tierschutzverein | Lutz Semmler | Constantin Simon, Delphi Filmverleih | Frank Stöve, Kornstube Urfeld | Philipp Stucki, Frenetic Films | Saskia Vömel, Entertainment Kombinat | Anne Wilcken

Bildnachweise | Alle Bilder und Stills stammen aus dem Film | Filmmaterial zu *We Feed the World* © Allegro Film | Erwin Wagenhofer.
Der Abdruck der Tomate auf dem Cover erfolgt mit freundlicher Genehmigung von Hans Georg Merkel.

Filmcredits | We Feed the World
ein Film von | Erwin Wagenhofer

Assistenz | Lisa Ganser
Sounddesign | Helmut Neugebauer
Ton | Lisa Ganser | Helmut Junker
Tonmischung | Thomas Kathriner
Aufnahmeleitung
Brasilien | Mariana Rivero
Frankreich | Véronique Deichmann
Österreich | Marina Matovic
Rumänien | Tiberiu Negut
Schweiz | Margit Koch
Spanien | Rudolf Kaufmann
Piloten | Anibal Isidoro Carmona | Danilo Iper de Lima
Herstellungsleitung | Katharina Bogensberger | Wernfried Natter
Produzent | Helmut Grasser
Buch | Kamera | Schnitt | Regie | Erwin Wagenhofer

Mit | Jean Ziegler | Franz Epp | Hans Schrank | Hans Manhart | Dominique Cleuziou | Thierry Martin | Philippe Cleuziou | Lieven Bruneel | Peter Ptasznyk | Karl Otrok | Tiberiu Negut | Vincente José Puhl | Danilo Iper de Lima | José Maxiliamo de Souza | Jusilia Ferreira dos Santos | Flavio Jesus dos Santos | Hannes Schulz | Johann Titz | Peter Brabeck

Übersetzungen | Jacqueline Csuss | Christiane Koch | Sophie Kidd | Margit Niederhuber-Jäkel | Marcos André da Silva Santos | Verena Teissl

Filmgeschäftsführung | Traudl Kaiser | Roland Kladivko

Marketing & Sales | Simone Fachel

Online | Farbkorrektur | Christian Leiss

Grafik | Wolfgang Bledl | Thomas Esterer | Christine Horn

Video-Film-Transfer | Cine Pix

Dank an | Elisabeth und Franz Aibler | Stefi Andre | Peter Asimus | Josef Baumgartner | Georg Beckmann | Gabriel M'Binki | Franck Le Bout | Thomas und Elisabeth Burger | Abdel Kader Chirki | Armelle Cleuziou | Antonia Poro Conlosi | Dogan und Acer | Heinz Dötzl | Maria Suner Estevan | Fabian Davi Falle | Othmar Fally | E.F. Fittkau | Reinhild Frech-Emmelmann | Karl Gass | Otto Gasselich | Herbert Heindl | Hajas Junaj | Beate Koller | Brahima Ketta | Hassan Kilok | Heiner Koehnen | Mara Lucia Lira | Herbert Lugitsch | Werner Magoschitz | Gildo Marcelino de Lima | Juan Moreno Linai | Carmen Moswitzer | Diego Garrido Navarro | Leopold Neumayer | Franz Ohner | Constantino Olteanu | Stefan Panuschka | Francisco Sabio Peor | Jordi Portoles Peramo | Francois-Xavier Perroud | Andreas Pieler | David del Pino | Josef Reichholf | Gerhard Riess | Gerhard Rose | Hanni Rützler | Francisco Jose Escobar Sanchez | Edimundo dos Santos | Matildes Mendes F. dos Santos | Karl Schirnhofer | Irma Helena Margarida Schroeder | Hubert Sielecki | Maria Goretsch de Silva | Dietmar Sinkovits | Horacio Cano Sola | Herbert Stangl | Dominique Stéphan | Gerhard Ströck | Miguel Augel Valentin Tarifa | Josef und Erna Taucher | Jürgen Tempelmaier | Robert Wieser

Hergestellt mit Unterstützung des Österreichischen Filminstituts und des Filmfonds Wien.

© Allegrofilm 2005